GUIDE PRATIQUE

MANUEL & COMPLET

DES

DOMESTIQUES

HOMMES & FEMMES

Contenant

SUR TOUT LE DÉTAIL DU SERVICE

DES INSTRUCTIONS INDISPENSABLES

Également aux maîtres et aux maîtresses de maison.

Par Mlle MARIE MILON

SECONDE ÉDITION

Prix : 1 fr. 50 c.

CHEZ L'AUTEUR

Mlle MARIE MILON;

A PERNES (Vaucluse)

GUIDE PRATIQUE

MANUEL & COMPLET

DES

DOMESTIQUES

HOMMES & FEMMES

Contenant

SUR TOUT LE DÉTAIL DU SERVICE

DES INSTRUCTIONS INDISPENSABLES

Egalement aux maîtres et aux maîtresses de maison.

Par Mlle **MARIE MILON**

SECONDE ÉDITION

Prix : 1 fr. 50 c.

CHEZ L'AUTEUR

Mlle MARIE MILON,

A PERNES (VAUCLUSE)

1873

CARPENTRAS. — TYPOGRAPHIE P. PRIÈRE.

AVANT-PROPOS.

Le titre et la table des matières de l'ouvrage que nous offrons au public en indiquent suffisamment le but et l'utilité.

Avec ce livre, un maître, une maîtresse de maison pourra former, en peu de temps, sans ennui et d'une manière complète, un domestique, homme ou femme, à tous les détails du service.

Avec ce livre, un ou une domestique connaîtra, en quelques heures et sans exercer la patience de ses maîtres, tout ce qu'il doit faire et comment il doit le faire.

Avec ce livre, les maîtres et les domestiques plus expérimentés pourront perfectionner leurs connaissances et mettre chaque partie du service en harmonie avec ce qu'il y a de mieux pratiqué de nos jours.

Les instructions que nous donnons sont le fruit éprouvé de l'expérience que nous avons acquise.

On doit s'y conformer pour avoir une maison bien tenue, en quelque état de fortune que ce soit.

L'écoulement rapide d'une première édition nous est un signe du jugement favorable que le public porte de notre œuvre.

—

Malgré le succès incontestable que ce GUIDE obtient, nous faisons de nouveau appel aux conseils qu'on voudra bien nous donner pour nous aider à rendre notre ouvrage aussi complet et aussi parfait que possible.

—

Les personnes qui auront la bonté de nous communiquer l'adresse des maisons riches et aisées de leur localité où notre livre pourrait être connu avec utilité, nous témoigneront par là un intérêt bienveillant dont nous leur serons très-reconnaissante.

GUIDE PRATIQUE

MANUEL & COMPLET

DES

DOMESTIQUES

HOMMES & FEMMES

CHAPITRE PREMIER

DEVOIRS GÉNÉRAUX

Devoirs des Domestiques envers les Maîtres.

Ce que vos maîtres attendent de vous, en premier lieu, c'est la *politesse*.

La politesse du domestique envers ses maîtres n'est pas autre chose que le respect.

Le respect à l'égard de vos maîtres doit être dans vos sentiments, dans votre attitude, vos gestes, votre voix.

Si vous n'êtes pas intérieurement pénétré d'estime pour ceux que vous servez, le respect extérieur que vous leur témoignez sera contraint et, un, jour ou l'autre, il fera défaut.

En leur présence, que votre attitude soit celle d'un inférieur : tête droite et découverte, yeux modestement baissés.

A leur approche levez-vous si vous êtes assis, et ne vous asseyez que lorsqu'ils vous y invitent.

Dans la maison, autant que vous le pouvez, ne portez ni casquette ni chapeau.

Au dehors, si vous rencontrez vos maîtres, saluez-les, sans rien dire, en vous découvrant ou par une inclinaison de tête.

N'adressez la parole à vos maîtres que lorsqu'il y a nécessité ou lorsqu'ils vous parlent les premiers.

Dans certaines maisons il n'est pas même reçu de leur dire *bonjour*, le matin, en se levant, ni *bonsoir* en allant se coucher. Conformez-vous à ce qui se pratique à ce sujet.

Aux questions qui vous sont faites, répondez brièvement. *Oui* ou *non*, tout court, serait impoli. Dites: oui, *Monsieur*; non, *Madame*. Et si vos maîtres ont un titre, donnez-le leur habituellement : *Monsieur le Marquis, Madame la Comtesse...*

L'usage recommande de se servir de la parole à la troisième personne : *Monsieur désire-t-il? Madame m'a ordonné.*

Si la confiance qu'ils ont en vous porte vos maîtres à vous demander votre avis sur une affaire quelconque, donnez-le simplement et sans vous faire prier.

S'il est suivi ne vous en croyez pas pour cela; s'il ne l'est pas, ne vous en montrez pas fâché.

Des ordres vous sont-ils donnés? Ecoutez-les avec attention et jusqu'au bout.

Des reproches vous sont-ils adressés ? recevez-les sans mot dire ou sans trop insister sur les excuses que vous présentez avec modestie.

S'ils sont fondés, faites en votre profit ; s'ils ne le sont pas, la vérité ne tardera pas à vous justifier, et vos maîtres éclairés vous tiendront compte de votre modération. Mais, dans l'un et l'autre cas, ne montrez ni mauvaise humeur, ni longue bouderie.

Rien ne déplait comme une figure maussade. Un domestique mécontent et grognon n'est jamais bien vu.

La prévenance est une autre forme plus délicate de politesse. Elle nait de l'amour comme le respect nait de l'estime. Personne n'y est insensible, et si elle n'est pas trop importune, elle gagne infailliblement les cœurs.

La prévenance n'attend pas l'ordre, elle va au devant du désir, elle flatte les habitudes.

Ces désirs, ces habitudes il faut les connaître.

Un domestique qui tient à l'affection de ses maîtres, en fera une étude particulière, et s'il a le coup d'œil tant soit peu observateur, il en aura bientôt pénétré la nature et les détails.

Mais pas trop d'empressement et point du tout d'opiniâtreté. Les soins doivent être offerts et non imposés.

Autour d'un malade les attentions ont un prix de plus.

L'exactitude est la vertu du bon domestique. Elle consiste à faire toutes choses dans le temps marqué et de la manière prescrite.

Les personnes d'ordre tiennent singulièrement à l'exactitude.

Quand vous entrez au service d'une maison, priez vos maîtres de vous indiquer la division de votre travail dans la journée, heure par heure, si cela se peut.

Retenez bien cet ordre dans votre mémoire, et pour en être plus sûr, demandez qu'on vous le mette par écrit ou mettez-le vous-même.

Cette liste de vos occupations sera pour vous un règlement que vous suivrez avec ponctualité et précision.

Chaque maison a ses habitudes. Quand vos maîtres vous ont indiqué la manière dont ils entendent qu'une chose soit faite, tenez-vous y.

Ne faites rien négligemment.

Le temps que vous employez à une chose mal faite est du temps perdu.

Voulez-vous gagner du temps, en avoir assez et même de reste pour tout faire, mettez de l'enchaînement dans les diverses parties de votre travail.

Cet enchaînement est l'œuvre de la prévoyance.

Prévoyez toujours ce que vous avez à faire; pensez d'avance à l'occupation qui viendra ensuite. Vous disposerez alors les choses de manière à vous en rendre l'exécution plus facile et plus prompte; surtout vous éviterez par là ces allées et venues, ces montées et descentes qui font perdre des moments précieux.

En un mot, ayez de la tête.

La *discrétion*, indispensable envers tout le monde, l'est encore plus à l'égard de vos maîtres.

Sans le vouloir, vous connaîtrez bientôt les affaires de la famille et la conduite de chacun de ses membres. Gardez-vous d'en faire le sujet de vos conversations au dehors; ce serait un abus de confiance. N'en parlez pas même avec les autres domestiques de la maison.

Sur ce point comportez-vous comme si vous étiez aveugle, sourd et muet.

Ne cherchez jamais à savoir ce que vos maîtres veulent vous laisser ignorer.

N'épiez personne, n'écoutez pas aux portes, ne lisez jamais les lettres.

Que la réputation de vos maîtres vous soit aussi chère que leurs intérêts. Veillez sur ceux-ci et sur celle-là avec la plus grande sollicitude.

La *probité* doit être le plus bel ornement de vos mains, elle est la plus sûre garantie de votre avenir.

Devoirs des Domestiques les uns envers les autres.

Dans les maisons où il y a plusieurs domestiques, ils ont des devoirs à observer les uns envers les autres, devoirs tout aussi importants que ceux envers les maîtres.

En entrant dans ces maisons, faites-vous indiquer avec précision et en détail la part du travail qui vous est dévolue.

Que votre rôle soit bien déterminé, afin de ne pas entrer sur le terrain des autres et ne pas blesser leur susceptibilité.

Occupez-vous avant tout de votre besogne, c'est la volonté de vos maîtres.

N'examinez pas, ne critiquez pas la manière dont les autres s'acquittent de la leur.

Montrez-vous toujours prêt à rendre service à vos camarades; aimez à les obliger; mais que jamais votre bonté ne s'exerce au détriment de vos devoirs.

Si vous êtes nouveau, informez-vous auprès des anciens des habitudes, des usages de la maison. Témoignez-leur une grande déférence; écoutez leurs conseils, s'ils sont bons; mais ne leur accordez votre confiance que lorsque leur conduite vous aura montré qu'ils en sont dignes.

Si vous êtes ancien, faites bon accueil au nouvel a.....é; mettez-le au courant de ce qu'il doit savoir pour remplir convenablement son office; allez au devant de sa timidité, épargnez-lui les premiers embarras de sa position. Traitez-le en tout avec bienveillance.

Gardez-vous de prendre, vis-à-vis de vos camarades, des airs de commandement. Vous ne pourriez être que ridicule ou détesté.

Si vous tenez de vos maîtres une certaine autorité, faites-vous en pardonner l'exercice par une grande modération. Priez, mais ne commandez pas.

Ne soyez point jaloux ; mais les faveurs que vos maîtres accordent aux autres, efforcez-vous de les mériter par votre bon caractère, votre conduite irréprochable et votre application à bien faire.

Rien n'est funeste comme les rapports des domestiques les uns contre les autres : ils sont une source intarissable de querelles et d'inimitiés. N'en prenez pas l'habitude.

Ne vous les permettez que lorsque votre conscience ou l'intérêt évident de vos maîtres vous en fait une impérieuse obligation.

Dans ce cas, exposez le fait simplement, tel que vous le connaissez, sans rien ajouter ni diminuer.

Celui qui, par esprit de vengeance ou dans un but de flatterie, ferait des rapports faux ou exagérés, commettrait un crime.

Point de commérages.

Entre domestiques ne parlez jamais, si ce n'est en bien, de ce que vous avez vu dans les maisons où vous avez déjà servi ; ne vous entretenez pas non plus des affaires de la famille où vous êtes. Evitez surtout de tourner en ridicule les défauts de vos maîtres.

De la bonne humeur, mais pas de familiarité.

Que vos conversations ne sortent jamais des bornes de la réserve la plus sévère.

Que le respect, l'honnêteté, la modestie président à tous vos rapports entre vous.

Enfin, traité les autres comme vous voudriez être traitez vous-même.

Devoirs d'un Domestique seul.

Que l'on soit seul ou plusieurs au service d'une maison les devoirs envers les maîtres restent toujours les mêmes.

Êtes-vous seul? soyez encore plus appliqué à les remplir. Vos maîtres n'ayant que vous sous leurs yeux, il leur sera plus facile de s'apercevoir de vos manquements ou de votre exactitude.

Tout l'honneur et toute la responsabilité du service pèsent sur vous.

Vos fonctions diverses attendent de vous une grande diligence.

Levez-vous de bon matin. La journée sera ainsi plus longue, et votre travail étant plus libre avant le lever de vos maîtres, vous ferez plus de besogne. Mais alors soyez attentif à faire le moins de bruit possible.

Distribuez vos occupations avec ordre et intelligence. Que l'une prépare l'autre et s'y enchaîne; de la sorte vous pourrez satisfaire à tout.

Ne les commencez pas toutes à la fois, vous n'obtiendriez que confusion et embarras. Qu'une chose soit bien achevée avant de passer à une autre.

Ne menez de front que celles qui peuvent y aller naturellement.

Faites au plutôt ce que vous avez à faire ; sans cela le travail s'accumulerait et vous ne pourriez y suffire.

La prévoyance est pour vous de rigueur.

La propreté ne l'est pas moins. Sur votre personne et sur vos vêtements rien ne doit blesser le regard de vos maîtres.

Vos mains sont appelées à tout faire, à toucher à tout. Qu'elles s'acquittent des détails désagréables de manière à ne pas communiquer la moindre répugnance aux parties les plus délicates de votre service.

CHAPITRE DEUXIÈME

APPARTEMENTS

Office.

On appelle *office* le petit appartement où l'on tient les objets qui servent tous les jours : les verres, les tasses, les cristaux, les assiettes, l'argenterie, les couteaux, les lampes, les flambeaux, les bougies, le linge de table, les torchons.....

Ce sont les soins à donner à ces divers objets qui constituent le service de l'office.

Cet appartement doit être pourvu d'armoires, d'étagères ou de planches autour des murs où chaque chose aura sa place particulière.

Avec l'ordre, la propreté y régnera également. Il sera balayé et épousseté au moins une fois par jour, après que l'ouvrage est terminé.

L'air doit y être sans cesse renouvelé, pour que les objets mouillés ou humides s'y sèchent plus vite.

Verres, Tasses et Cristaux. — Pour laver les

verres il vous faut un baquet en bois ; dans un vase en terre vous risqueriez de les casser.

Remplissez-le à moitié d'eau froide. Prenez un verre l'un après l'autre, et, le tenant plongé dans l'eau, rincez-le avec vos doigts au dedans et au dehors. Placez-le dans le panier ou sur une serviette, renversé, le pied en haut, afin qu'il s'égoutte.

Dès qu'ils sont tous ainsi nettoyés, essuyez-les avec un linge propre et doux, en commençant par les premiers lavés.

Si ce linge n'était pas bien sec, il ne glisserait pas facilement sur le verre, que le moindre effort vous ferait briser ; s'il était trop vieux, il y laisserait des peluches.

Avant que le verre sorte de vos mains, assurez-vous par un coup d'œil à travers jour si sa propreté ne laisse rien à désirer, puis rangez-le.

Vous prendriez de l'eau tiède si les verres avaient servi pour des boissons sucrées.

Tout objet, tout vase en cristal ou en porcelaine doit être lavé et essuyé de la même manière.

Ceux qui ne servent pas tous les jours doivent être rangés avec soin, couverts d'un papier, d'un linge, ou renversés le bas en haut pour que la poussière ne se dépose pas dans l'intérieur.

Les *carafes* réclament des soins particuliers.

Elles ne contiendront de l'eau que lorsqu'elles serviront sur la table ; dans l'office, elles seront toujours vides. Sans cette précaution, l'eau la plus pure ne tarderait pas à y former un dépôt.

Dès que vous apercevez que leur transparence perd de sa limpidité, vous les laverez.

Du plomb, du gros sel, des coquilles d'œufs brisées, de la cendre, des petits morceaux de papier gris que vous agiterez vivement dans un peu d'eau tiède, vous aideront à rendre vos carafes brillantes.

Essuyez-les tout de suite et mettez-les égoutter en les renversant.

Il arrive parfois que les bouchons de cristal se collent dans le col de la carafe, ne les forcez pas alors, vous les casseriez; mais avec un morceau de bois, donnez de côté des petits coups sur le bouchon et il se détachera.

Si une carafe, qui ne sert pas souvent, avait contracté un goût de moisi, vous le lui feriez passer en y laissant pendant quelques heures une poignée de poudre de charbon de bois, attachée à ses parois intérieures par un peu d'humidité.

La poudre de charbon de bois ainsi employée est éminemment propre à chasser d'un vase quelconque toute mauvaise odeur.

Les burettes de l'huilier seront essuyées tous les jours à l'extérieur, ainsi que leurs bouchons et goulots. Chaque semaine elles seront lavées à l'intérieur et à fond comme les carafes. On commencera par la burette du vinaigre; celle de l'huile pourrait salir trop l'eau et l'encrasser.

Assiettes. — Dès que les assiettes sont lavées et un peu égouttées, portez-les à l'office.

Là, avec un linge bien propre et bien sec, essuyez-les soigneusement en dedans, sur les bords et par dessous.

Si une assiette n'était pas bien lavée, vous la rapporteriez à la cuisine.

Au fur et à mesure que vous les essuyez, placez les en piles distinctes : une pile d'assiettes à soupe, une autre d'assiettes de service, et une troisième d'assiettes à dessert.

Pour faire ce travail, n'attendez pas le moment de mettre le couvert; un petit dérangement pourrait vous faire manquer du temps qu'il exige.

Ayez toujours des assiettes préparées en quantité plus que suffisante, vous parerez ainsi aux cas imprévus.

Ne laissez pas vos piles d'assiettes sans être couvertes d'un linge, vous les préserverez ainsi de la poussière et des mouches.

Arjenterie. — Dans les maisons où il y a un office, l'argenterie ne se porte jamais à la cuisine pour la faire laver.

On la lave à l'eau bouillante dans une terrine ou mieux dans un baquet de bois.

Gardez-vous d'y agiter tous les couverts ensemble, ils s'abîmeraient en se heurtant; mais prenez chaque pièce l'une après l'autre, frottez-la fortement entre vos doigts, et lorsqu'elle est nettoyée déposez-la doucement à côté.

Cela fait, plongez encore une fois tous vos couverts dans de l'eau froide ou tiède; essuyez-les bien avec un torchon que vous ferez glisser entre les dents des fourchettes et repassez-les ensuite avec un linge souple ou une peau qui ne sert que pour cet usage.

Cela suffit pour l'entretien de tous les jours.

Rangez-les enfin sur le côté, dans un panier ou une armoire : les cuillers avec les cuillers, les fourchettes avec les fourchettes, et n'oubliez pas de les compter.

Mais de temps en temps les couverts auront besoin pour conserver leur beau poli et reprendre même leur teinte neuve, d'être traités à la lessive, au blanc d'Espagne ou à la poudre métallique.

Le traitement à la lessive consiste à les faire bouillir dix ou quinze minutes dans un chaudron au fond duquel on a jeté quelques pelletées de cendre. On essuie ensuite les couverts comme après le lavage ordinaire.

Le blanc d'Espagne s'emploie sec ou humide et toujours pilé très-fin.

Sec, vous en mettez une forte pincée sur un linge que vous pliez en cet endroit; dans ce pli, que vos doigts maintiennent, vous faites passer la cuiller ou la fourchette, et vous frottez fortement.

Humide, c'est à dire délayé dans de l'eau ou, ce qui vaut mieux, dans une petite quantité d'esprit de vin, vous ne l'étendez que sur une pièce à la fois, car il sèche promptement, et vous frottez avec une brosse souple ou un linge.

Si les couverts ont des filets, faites attention pour ne pas y laisser du blanc. Une brosse un peu forte l'en enlèvera facilement.

La poudre métallique est d'un emploi moins facile mais plus efficace que le blanc d'Espagne.

On en saupoudre le couvert préalablement enduit d'huile, au moyen d'un morceau de flanelle qui en est imbibé ; on le frotte fortement entre ses doigts et à main nue, jusqu'à ce qu'il n'y ait plus d'huile ; ensuite on l'essuie avec un linge léger.

Lorsque le contact des œufs a fait noircir les couverts, on leur enlève ces taches en les faisant bouillir dans la cendre fine, en les frottant avec de la suie délayée dans un peu d'eau de vie, ou simplement avec du sel de cuisine pilé fin. Si on fait usage de sel pour cela, on lavera les couverts tout de suite. Le sel ne peut rester longtemps sur l'argent sans lui nuire ; aussi ne le laissez pas séjourner dans les salières de ce métal.

On traite comme les couverts toutes les autres pièces d'argenterie, telles que vaisselle plate, salières, porte-bouteilles, huiliers, théières, flambeaux et autres.

Seulement comme ces pièces portent presque toujours des ornements ciselés ou guillochés, leur nettoyage exige des soins plus attentifs.

Ce n'est pas avec les doigts qu'il faut les frotter, c'est avec des brosses : une brosse souple pour les parties unies, une brosse ferme pour les parties ornées.

Prenez garde de ne pas laisser du blanc ou de la poudre dans les ciselures, de ne pas rayer les endroits simplement brunis, et surtout de ne pas faire des.claques et des bosses à ces objets en les heurtant ou les laissant tomber.

Les flambeaux, sur lesquels la bougie a coulé, seront trempés dans l'eau chaude, mais non bouillante.

Plaqué.— De sa nature, le plaqué craint le frottement. Les objets qui en sont fabriqués doivent être traités avec beaucoup plus de ménagement que l'argenterie massive.

On ne les soumettra que rarement à un nettoyage à fond avec du blanc ou de la poudre métallique.

On se servira pour cette opération d'une brosse très-douce, et on aura soin de bien essuyer les objets. Sans cette dernière précaution, des taches de rouille ou de vert de gris sortiraient bientôt du fer ou du cuivre qui est sous la plaque.

Pour entretenir les objets en plaqué dans un état convenable de propreté et les dispenser ainsi de nettoyages qui les fatigueraient, il suffit d'en laver les parties sales avec de l'eau de savon ou de l'esprit de vin, et les tenir toujours bien essuyés.

Couteaux. — Avec une planche à couteaux et une brique anglaise vous avez tout ce qu'il vous faut pour les entretenir toujours propres, clairs et bien aiguisés.

Lavez-les d'abord, et, s'ils ont de la graisse, plongez-en la lame dans l'eau chaude, essuyez soigneusement ensuite.

Cela fait, prenez votre planche, rapez-y un peu de la brique anglaise dessus, posez la lame bien à

plat et imprimez au couteau le mouvement nécessaire pour que le frottement sur la poudre lui
rende son brillant. Faites ainsi d'un côté de la lame,
puis de l'autre.

N'appuyez pas trop, vous obtiendrez un plus beau
poli.

Les habiles prennent un couteau de chaque main
et en nettoient deux à la fois.

Lorsque un couteau est bien éclairci, passez-le
trois ou quatre fois en relevant un peu le dos, de
manière que le tranchant seul soit appuyé sur la
planche ; il conservera ainsi parfaitement son fil.

Passez ensuite vos couteaux sur la peau de buf-
fle dont la planche est munie sur une de ses faces et
essuyez-les avec un linge bien sec.

Les fourchettes en fer à découper, après qu'elles
ont été lavées et dégraissées, doivent aussi être
frottées sur la planche à couteaux.

Les parties de ces fourchettes, entre les dents et
voisines du manche, qui ne peuvent appuyer sur la
planche, doivent être frottées avec un linge enve-
loppant l'index et chargé de poudre de brique anglaise. On les essuie après comme les couteaux.

Les couteaux de table qui servent tous les jours,
seront rangés à leur place ordinaire, par exemple,
dans un compartiment du panier à argenterie.

Ceux qui ne sortent que les jours d'invitation doivent être serrés de manière à être autant que possible à l'abri de la rouille.

Pour cela on les tiendra dans un endroit bien sec,

ou bien on en saupoudrera les lames avec de la chaux vive finement pilée et on les enveloppera dans du papier brouillard de telle sorte qu'ils ne se touchent pas ; ou bien on les placera dans une boîte remplie de son ou de sciure de bois ; ou bien encore on les rangera dans leur étui, après avoir passé les lames entre un morceau de flanelle imbibé d'huile ou de graisse blanche.

Ce dernier procédé est le plus efficace ; les couteliers l'emploient. Les couteaux qui y auront été soumis devront être essuyés avec soin avant de paraître sur la table.

Les couteaux de dessert en acier seront traités comme les couteaux de table ordinaires.

Ceux en argent seront nettoyés comme toute autre pièce d'argenterie. On se gardera bien de les passer sur la planche, ils en seraient affreusement rayés.

Si les couteaux ont des manches en ivoire et que cet ivoire soit devenu jaune, vous lui rendrez sa blancheur en les lavant dans une eau de savon bien chargée, les rinçant dans l'eau claire et les faisant sécher à la chaleur du feu ou du soleil.

Lampes, Flambeaux et Bougies. — Les lampes réclament des soins tout particuliers.

Tous les jours, le matin, vous ne manquerez pas :

1o De les remplir d'huile, en faisant attention de ne pas répandre de ce liquide par terre ;

2o D'en couper la mèche, en y laissant un peu de la partie brûlée, pour qu'elle s'allume plus facilement ;

3° D'en essuyer l'extérieur avec un linge doux ;

4° D'en nettoyer les verres avec un autre linge propre, sec et souple.

La mèche des lampes à pétrole n'a pas besoin d'être coupée tous les jours, il suffit de la passer entre les doigts pour enlever les parties carbonisées. Mais il faut que la mèche de ces lampes présente toujours à son extrémité supérieure un profil arrondi comme celui d'un ongle, sans cela la combustion du liquide serait imparfaite et la lampe répandrait une odeur désagréable.

Dans les lampes à gaz ou à essence de pétrole on ne touche jamais la mèche.

Quel que soit le liquide dont vous garnissez une lampe, il ne faut pas l'emplir jusqu'au bord. En la transportant d'un lieu à un autre, vous risqueriez de le répandre et de faire ainsi des taches difficiles à enlever.

Pour éviter de graves dangers, tels que explosion et incendie, les lampes à gaz, à schiste, à pétrole ou à essence ne doivent jamais être garnies lorsqu'elles sont allumées.

Il faut les éteindre auparavant, les laisser un peu refroidir et ne verser le liquide qu'à une certaine distance d'une autre lumière.

Il est plus sûr de faire cette opération dans le jour.

Une lampe à mécanisme sera mise en mouvement cinq ou dix minutes avant le moment où l'on doit l'allumer ; le liquide aura ainsi le temps de monter.

Tous les jours, en nettoyant et en préparant ces

lampes à mécanisme, on devra s'assurer si les mèches n'ont pas besoin d'être renouvelées.

Voici comment on place une mèche à une lampe solaire ou à un modérateur :

Il faut d'abord prendre une mèche du même numéro que la lampe ; plus petite, elle ne pourrait pas être placée ; plus grande, elle ferait des plis.

Vous avez un bâton à mèche, vous introduisez le petit bout de ce bâton dans la mèche et vous l'y poussez jusqu'à ce qu'elle couvre le gros bout.

Ce gros bout, vous le plantez droit dans le fourneau de la lampe. Vous tournez alors le bouton jusqu'à ce que les pinces soient montées à la hauteur de la partie inférieure de la mèche ; vous tournez ensuite ce même bouton pour faire descendre, en aidant un peu avec les doigts la mèche à glisser sur le bâton ; vous la faites descendre aussi profondément qu'elle peut aller, vous enlevez le bâton, vous coupez bien également le haut de la mèche, vous montez le mécanisme pour que l'huile vienne imbiber la mèche, et l'opération est faite.

Le nettoyage intérieur des verres de lampes demande une certaine attention.

Lorsque ces verres sont droits, il suffit, pour l'ordinaire, d'y passer un linge un peu forcé pour les tenir propres ; mais lorsqu'ils sont renflés comme ceux des lampes à pétrole, il faut alors se servir d'une espèce de goupillon, c'est-à-dire d'un bâton au bout duquel on a formé une tête avec un linge ; de la sorte on peut exercer sur toutes les parois internes du verre un frottement assez fort pour en enlever toutes les traces de fumée.

Il arrive quelquefois que des éclaboussures d'huile s'incrustent dans le verre à l'aide de la chaleur ardente qui rayonne de la lampe. Dans ce cas, on ne peut nettoyer les verres qu'en les lavant avec de l'eau de soude ou en les faisant bouillir dans cette même eau, de laquelle on ne doit les retirer que lorsqu'elle a perdu sa chaleur. Un changement brusque de température les ferait éclater.

C'est ce changement brusque de température qui, s'opérant dans un sens inverse, les fait éclater lorsqu'on élève trop la mèche en l'allumant. Il faut la maintenir basse pendant une ou deux minutes, afin de donner le temps au verre de s'échauffer peu à peu.

La moindre humidité sur les verres, surtout à l'intérieur, les fait éclater également dès qu'on allume la lampe; aussi faut-il les essuyer avec un grand soin et avec un linge bien sec.

Outre le nettoyage journalier et extérieur, les lampes demandent de temps en temps un nettoyage à fond et intérieur.

Chaque semaine, vous démonterez les pièces supérieures de vos lampes, et avec un linge vous enlèverez soigneusement la crasse que l'huile, la poussière ou les débris de la mèche pourraient y avoir formée.

Tous les deux mois, si besoin est, vous retirerez l'huile des corps de lampe et vous les laverez intérieurement. Le procédé n'est pas le même pour toutes les lampes.

Pour nettoyer les lampes ordinaires ou les lampes solaires, après les avoir démontées, vous verserez dedans de l'eau bouillante légèrement savonnée ou dans laquelle vous aurez fait dissoudre 25 grammes de potasse rouge par litre ; vous la secouerez fortement et dans tous les sens. Vous viderez cette première eau et vous y en verserez encore une ou deux fois, si c'est nécessaire, jusqu'à ce qu'elle sorte claire.

Vous examinerez votre lampe avec attention, et si de la crasse était restée en quelque endroit, vous l'ôteriez avec un morceau de bois taillé pour cet usage. Après cela vous l'essuyerez avec un linge doux aussi bien que vous pourrez, et vous la placerez renversée près du feu, afin qu'elle s'égoutte et que la chaleur en sèche à l'intérieur toute l'humidité.

En les remontant vous aurez soin de ne pas confondre ni forcer les pièces.

Pour nettoyer les lampes Carcel ou Modérateurs, gardez-vous bien de vous servir de l'eau bouillante. Sous son action la rondelle de cuir qui fait office de piston, se racornirait et la lampe ne fonctionnerait plus. Ces lampes, dont le mécanisme est fort simple, ont rarement besoin d'être lavées à fond. Toutefois, si ce besoin se faisait sentir, au lieu d'eau on y verserait un flacon de benzine que l'on agiterait bien.

La benzine possède éminemment la propriété détersive pour les corps gras ou huileux. Son emploi serait préférable à celui de l'eau bouillante même pour les lampes ordinaires ou solaires à mouvement d'horlogerie. Clarifiée, elle peut servir plusieurs fois.

Pour rendre la marche des Carcel plus facile, il suffira ordinairement d'enlever la partie supérieure de la lampe, de retirer la petite tige de fer qu'on appelle *modérateur*, la bien essuyer et la replacer exactement dans la même position.

Mais pour démonter et remonter les lampes à mécanisme il faut avoir une certaine adresse. Les personnes qui ne s'en sentiraient pas capables, ne doivent pas y mettre la main. Lorsque leurs lampes n'iront plus, elles les porteront au lampiste qui les nettoyera à peu de frais.

Pour rendre moins fréquentes ces opérations qui finissent par user les lampes, nous recommandons de ne les remplir que d'huile bien pure.

L'intérieur des lampes qui brûlent du gaz, du schiste, du pétrole ou de l'essence de pétrole, n'a jamais ou presque jamais besoin d'être nettoyé.

Le meilleur moyen pour enlever des flambeaux et des bougeoirs la cire ou la bougie qui y a coulé dessus, c'est de les plonger dans l'eau chaude.

Vous ne les gratterez jamais avec un couteau, qui les rayerait infailliblement

Tout au plus, si, après les avoir essuyés, vous vous apercevez qu'il reste un peu de coulure dans les ornements, pourrez-vous vous servir d'un morceau de bois tendre et pointu pour l'en faire sortir.

Le nettoyage des flambeaux et des bougeoirs sera approprié à la matière dont ces objets sont faits.

Ceux qui servent journellement seront toujours garnis de leurs bougies.

Les bougies seront fermement assujetties avec des bandes de papier ou des anneaux en liége, dans le cas où la bobèche fixe se trouverait trop grande.

Tous les jours les bougies qui servent, seront raclées pour en enlever les coulures, les mèches seront préparées et le tour des mèches nettoyé.

Chaque bougeoir devra être accompagné d'une bobèche mobile en verre ou en cristal. Cette bobèche recevra les coulures, et pour la nettoyer on la trempera dans l'eau chaude, mais non bouillante.

Si les bougies longtemps exposées à l'air et à la poussière venaient à perdre leur blancheur, vous la leur rendriez en les frottant avec une pièce de flanelle imbibée d'esprit de vin.

Linge de table et torchons. — Il doit y avoir dans l'office un endroit propre et spécial pour serrer, après chaque repas, le linge de table actuellement en service.

On y tiendra toujours quelques serviettes en disponibilité, pour les avoir tout de suite sous la main dans les cas imprévus.

Les nappes et les serviettes seront changées selon l'habitude de la maison.

Les torchons et autres linges qui servent pendant le travail et pour les divers nettoyages, seront traités avec ménagement.

On les choisira d'une grossièreté ou d'une finesse proportionnée à l'usage qu'on veut en faire.

Lorsqu'ils sont mouillés on aura soin de les étendre, et durant l'hiver on les fera sécher près du feu.

Une éponge, dont vous vous servirez pour enlever l'eau répandue sur le parquet ou sur les tables, vous permettra de ménager beaucoup les torchons.

Vous ne garderez pas de linge sale dans l'office.

Cuisine.

Vous ne pourrez jamais entretenir trop de propreté dans la cuisine.

Le sol en sera lavé tous les matins ou tous les soirs, avant que les travaux de la journée commencent ou lorsqu'ils sont terminés.

Si ce lavage ne peut se faire aussi souvent, il doit avoir lieu au moins deux fois par semaine.

Mais le balai doit y fonctionner plusieurs fois par jour.

La table y recevra des soins de propreté assidus. Quand on la lavera, on se servira de savon noir, de lessif et d'une forte brosse de chiendent. On la rincera avec de l'eau fraîche et une éponge. Quelques gouttes d'eau de javelle, après qu'elle est lavée, en conserveront la blancheur.

On emploiera le même procédé pour entretenir dans une propreté parfaite l'évier, les dressoirs, le panier à vaisselle, le billot.

Tout ce qu'on appelle batterie de cuisine se fera remarquer par son aspect brillant.

Si l'extérieur des ustensiles a de l'éclat, l'intérieur doit être tout à fait irréprochable.

Vous ne vous servirez jamais d'un ustensile en cuivre sans en avoir attentivement examiné le dedans.

Vous veillerez à ce que leur étamage soit toujours en bon état. Une négligence à ce sujet serait coupable et pourrait avoir les plus graves conséquences pour la santé d'une famille.

Pour les ustensiles en fer, vous les entretiendrez brillants et polis avec de la cendre, du sable fin, de la brique rouge ou du papier de verre.

Les lampes de la cuisine recevront aussi vos soins particuliers.

Le garde-manger ou dépense sera aussi remarquable par l'ordre qui y règnera.

Le sol en sera lavé et balayé avec autant de soin que celui de la cuisine.

Les étagères offriront la plus grande propreté.

Salle à manger, Salon et Antichambre.

Le service journalier de ces trois appartements se fait à peu près de la même manière.

Ouvrez d'abord les fenêtres et les persiennes et n'oubliez pas de les arrêter avec les crochets ou les tourniquets, les jours qu'il fait du vent, puis tirez les rideaux.

Les instruments dont vous devez être munis, sont : balai, plumeau, brosse et linge.

Si dans l'appartement il y a des meubles et des objets précieux, qui craignent beaucoup la poussière, vous commencez par les couvrir d'une toile, puis vous balayez.

Cette dernière opération doit être faite avec un grand soin.

Vous la commencez par la partie de l'appartement la plus éloignée de la porte, vers laquelle vous poussez les balayures, en déplaçant les chaises et les fauteuils à mesure que vous les rencontrez et en passant le balais dans tous les coins.

Arrivé à la porte, vous ramassez les balayures dans un linge, dans une petite caisse ou sur une pelle à ce destinée.

C'est un mauvais procédé que de les chasser à travers un autre appartement, quand même celui-ci devrait être balayé.

Vous passez alors le parquet au torchon ou à la peau, et s'il a besoin d'être ciré, vous le cirez comme il est dit ci-après.

Si l'appartement a un tapis, vous ne le balayerez qu'une ou deux fois par semaine avec un balai de chiendent ou de millet, dont la pointe aura été coupée carrément.

Mais chaque jour vous enlevez à la main tout ce qui serait tombé sur le tapis et pourrait donner à l'appartement un air de malpropreté, tels que chiffons, morceaux ou rognures de papier et autre chose.

Ensuite vous secouez et quelquefois vous battez les rideaux.

Vous époussetez les étagères, les tables, les buffets, les cadres, les glaces, la cheminée.

Avec un linge fin vous essuyez les bois des chaises, des fauteuils, des canapés.

Si les siéges sont en paille ou en cuir, vous y passez un torchon propre.

S'ils sont en laine, vous les brossez.

S'ils sont en soie, vous les époussetez, et à mesure vous remettez tous ces meubles en place.

En dernier lieu, vous enlevez avec précaution la toile étendue sur les objets précieux et vous leur donnez un léger coup de plumeau.

Pendant l'hiver, vous préparerez le feu avant de rien faire dans l'appartement, afin que si du bois ou du charbon venait à y tomber, vous puissiez l'enlever en balayant.

Le feu doit être préparé suivant l'habitude et les intentions de vos maîtres.

Ne laissez jamais vide la caisse à bois ou à charbon et ayez soin qu'elle soit garnie de tout ce qui est nécessaire pour allumer le feu : bûches de différentes grosseurs, petit bois, copeaux ou papier.

Si l'appartement se trouvait voisin de la chambre à coucher de vos maîtres, toute votre attention, s'ils n'étaient pas encore levés, devrait être employée à exécuter, avec le moins de bruit possible, les diverses opérations que nous venons d'indiquer.

Habituez-vous à fermer et à ouvrir les portes doucement.

Les fenêtres et les persiennes doivent être gouvernées selon les exigences des saisons, de l'hygiène et de la conservation des meubles et des draperies.

Les vitres des fenêtres seront lavées en dehors et en dedans au moins tous les deux mois.

Vous faites fondre du blanc d'Espagne dans un plat creux.

Quand il forme une espèce de lait, vous le passez sur une vitre avec un tampon de linge, puis, sur-le-champ, vous essuyez la vitre avec un linge bien sec, et vous achevez de la nettoyer avec un autre linge doux et également très-sec.

Vous n'opérez ainsi que sur un carreau de vitre à la fois, parce que si le blanc venait à se sécher vous auriez bien de la peine à l'enlever.

Ne négligez pas les coins des vitres; vous y pénétrerez au moyen d'un petit morceau de bois entouré d'un linge.

Chambre à coucher et Cabinet de toilette

Le service de la chambre à coucher et du cabinet de toilette, comme appartement, consiste à remplir les prescriptions suivantes:

Les autres détails qui regardent plus immédiatement la personne de votre maître ou de votre maîtresse, seront indiqués dans le chapitre: *valet de chambre et femme de chambre.*

Dès que la chambre à coucher est libre, vous y entrez, vous ouvrez les fenêtres et vous commencez par faire le lit.

La première chose à faire c'est d'ouvrir la table de nuit, en tirer le vase, l'aller vider et le rincer avec un petit balai.

Si vous laissiez le vase de nuit dans la chambre, vous pourriez par inadvertance le renverser.

Si vous ne le rinciez pas, il contracterait une forte odeur ammoniacale qu'il communiquerait à la table de nuit et de là à l'appartement. Une goutte de térébenthine, mise dans ce vase, lui donne une agréable odeur de violette.

Vous enlevez la table de nuit de la tête du lit et vous la placez à un endroit où elle ne vous embarrassera pas.

Vous mettez le tapis à une fenêtre, vous tirez les rideaux et puis les coulisses en bois sur lesquelles vous faites rouler le lit.

Au milieu de la chambre vous placez deux chaises vis-à-vis l'une de l'autre, un peu rapprochées par le devant.

Sur ces deux chaises vous placez, l'une après l'autre et non pas en paquet, les couvertures, les draps et les matelas, de manière que rien ne traîne par terre.

L'usage des sommiers est aujourd'hui assez répandu. Cela permet de faire le lit plus promptement et plus régulièrement.

Avec un garde paille il faut plus de soin ; vous le remuerez bien et profondément.

En y replaçant les matelas, vous les retournerez et les battrez avec la main. Un matelas de plumes doit être embrassé par les deux bras, qu'on ouvre et qu'on resserre successivement ; par ce mouvement on fait gonfler la plume ; puis on étale le matelas.

Les habitudes, les désirs de vos maîtres doivent vous servir de guide pour la forme à donner au lit, que vous ferez tous les jours de la même manière.

Le drap de dessous est enroulé autour du traversin et vous passez les parties qui pendent sous le matelas. Pour le drap de dessus vous l'étendez bien sur tout le lit ; aux pieds et sur les côtés vous le passez aussi sous le matelas, et vous repliez le bout de la tête de ce drap sur les couvertures lorsque vous les avez toutes placées et vous le passez sous le traversin. Puis, au lieu de laisser pendre les couvertures, vous les faites glisser entre les planches des côtés du lit et le sommier ou la paillasse. Si pour couvre-pied il y a un édredon, vous le battez, vous le secouez et vous le faites gonfler le plus possible.

Le lit fait, vous passez à la table de toilette, qu'elle soit dans la chambre ou dans un cabinet à côté.

Vous videz la cuvette, vous la rincez et l'essuyez ; vous rincez aussi le verre.

Vous emplissez d'eau pure le pot à l'eau et la carafe, dont vous nettoyez l'intérieur deux ou trois fois par semaine.

Vous essuyez soigneusement le dessus de la table.

Vous étendez les serviettes pour les faire sécher ou vous les changez, si cela est nécessaire.

Après avoir couvert la table de toilette et les objets précieux d'une toile, vous procédez au balayage du cabinet et de la chambre, et vous vous comportez en tout ceci comme pour les autres appartements.

Mais ici vous devez faire encore plus attention pour ne pas écorner les meubles avec le bois du balai en crin. Vous éviterez ce dégat si vous voulez commencer par balayer le long des plinthes avec un mauvais plumeau ou un petit balai doux.

Si, dans la chambre, la présence d'une grande quantité de chaises, de fauteuils et d'autres meubles portatifs était un obstacle à un bon balayage, vous les sortiriez et vous les placeriez dans le corridor ou dans une autre chambre moins soignée, où vous pourrez les essuyer, les brosser, les frotter avant de les remettre en place.

Cette sortie de meubles doit se faire d'ailleurs pour tous les autres appartements, lorsque la circonstance le demande et surtout lorsqu'on veut nettoyer la pièce à fond.

Voilà pour le service du matin dans la chambre à coucher. Le soir vous avez à y exécuter encore quelques petits détails.

Lorsque la nuit est arrivée, vous prenez un instant opportun pour aller faire la couverture. Voici en quoi consiste cette opération :

Vous enlevez le couvre-pied ou la courte-pointe qui a servi de parure au lit pendant le jour, vous la pliez et la placez sur un fauteuil. Vons retirez de dessous le traversin, le drap de dessus avec les couvertures et vous en repliez largement le coin sur lit, de manière que celui-ci soit à demi-ouvert ; ensuite vous placez l'oreiller carré, si on en fait usage.

A côté du chevet du lit vous apportez la table de nuit sur laquelle vous placez bougeoir, allumettes, éteignoir et même veilleuse, si besoin est.

Sur une chaise, à côté du lit, vous placez les effets de nuit, ainsi que ceux du matin, et vous les disposez dans l'ordre où ils devront servir.

Enfin vous fermez les volets ou les jalousies des fenêtres.

Cabinet de travail.

Le cabinet de travail de votre maître, homme d'étude ou homme d'affaires, demande les mêmes soins que les autres appartements.

Mais, comme spécialité, vous ferez bien attention, en le nettoyant, de ne déranger aucun papier ; vous ne toucherez aucun carton, vous ne lirez aucune lettre.

Vous résisterez à la curiosité qui pourrait vous porter à ouvrir un livre.

Si des papiers éparpillés sur le bureau, les tables, la cheminée, vous empêchaient de nettoyer comme il faut, vous auriez soin, avant d'épousseter, de les assujettir avec un livre ou une main de marbre.

Vous devez laisser tout à sa place. Le déplacement d'un petit bout de papier que vous auriez jugé insignifiant, pourrait occasionner un grand embarras et une longue perte de temps.

Lieux d'aisance.

La tenue des lieux d'aisance donne, plus qu'on ne pense, une juste idée de la propreté d'une maison.

Vous les tiendrez donc dans une propreté scrupuleuse, ne laissant aucune tache de quelque genre que ce soit ni sur le pavé, ni sur le siége.

Vous les balayerez tous les jours.

Vous aurez soin, lorsque vous viderez les vases de nuit, d'essuyer les éclabousures, s'il s'en était formé.

La boîte aura toujours du papier, le réservoir ou la cruche ne restera pas sans eau.

Il y aura toujours sur une tablette un vase de nuit disponible ; un petit balai sera accroché à un clou, et de gros bouquets de lavande suspendus y répandront une odeur agréable et dominante sur toute autre odeur.

Vous veillerez particulièrement à ce que cette pièce soit toujours bien aérée.

Lavage, Cirage et Désinfection des Appartements.

Quand vous aurez à laver un appartement carrelé, vous vous garderez bien de commencer par y répandre des torrents d'eau. Cette inondation ne serait bonne qu'à faire pénétrer, sans résultat utile, une grande humidité dans les interstices des carreaux et peut-être même jusqu'au plafond inférieur.

Vous enlevez d'abord le plus de meubles que vous pouvez ou vous les entassez dans un coin de l'appartement ; puis vous versez avec une cruche trois ou ou quatre litres d'eau sur le carrelage, que vous frottez immédiatement avec un balai ou une forte brosse de chiendent. Vous jetez une égale quantité d'eau sur la place lavée pour la rincer, et vous poussez cette eau, pour un premier lavage, sur une autre partie que vous frottez et rincez de la même manière, et ainsi de suite jusqu'à ce que la pièce soit toute lavée. Alors vous épongez soigneusement pour enlever l'eau qui serait restée dans les fissures.

Pendant ce lavage vous apportez la plus grande attention pour ne pas mouiller ni salir la partie inférieure des meubles que vous n'aurez pas sortis.

Il est des pays où il est d'usage de laver les appartements une fois par semaine.

Dans les grandes villes, le soin des parquets est ordinairement confié à des frotteurs de profession; mais il est bon que tout domestique sache comment s'y prendre pour cette opération longue et pénible, mais qui constitue la partie principale de l'entretien d'un salon.

Quand vous avez à cirer un appartement, vous commencez par enlever tous les meubles portatifs; vous faites un balayage soigné, et même vous passez une peau ou un torchon sur le parquet, afin qu'il y reste le moins de poussière possible.

Vous prenez un pain de cire jaune que vous placez et que vous serrez, au moyen d'un écrou dans une mâchoire qui termine un fort bâton fait exprès.

Alors, tenant ce bâton des deux mains, vous frottez le pain de cire sur le parquet de place en place, sans laisser le moindre intervalle.

Il ne faut pas prodiguer la cire. La cire ne doit pas non plus être trop grasse, cela ne servirait qu'à empâter le parquet.

Pour unir les traces de cire et donner du brillant, vous frottez le parquet avec une large brosse de crin court et fort.

Ce frottement, qui est la partie la plus fatiguante de l'opération, se fait avec les pieds auxquels la brosse est assujettie par une courroie.

Les habiles font marcher deux brosses à la fois.

On termine par un dernier coup de balai, afin d'enlever les parcelles de cire que la brosse a détachées.

Quand un parquet a été bien garni de cire; il peut être frotté cinq ou six fois sans qu'il ait besoin d'un nouveau cirage.

Un parquet qui a reçu trop de cire, se couvre souvent de points noirs et tenaces; pour les faire disparaître il n'y a point d'autre moyen que de racler tout l'appartement avec un couteau; travail long et pénible.

La cire est souvent remplacée avec avantage par un encaustique. Nous donnons à la fin du volume plusieurs recettes de ces préparations, dont chacune a un mode particulier d'être appliquée et auquel il faut se conformer.

Laisser les portes et les fenêtres ouvertes, pendant plusieurs jours et plusieurs nuits, est le meilleur moyen de désinfecter un appartement.

Mais les circonstances ne permettent pas toujours d'employer une ventilation aussi énergique; alors on se borne à allumer un feu flambant dans la cheminée pour déterminer un courant d'air, ou bien on laisse une porte constamment ouverte pour fournir de l'air nouveau et pur.

Le vinaigre, le sucre, le papier et tous les parfums que vous brûleriez sur une pelle rouge ou sur des charbons ne seraient que des palliatifs; ils ne purifieraient point un air vicié.

Pour atteindre ce but, surtout dans une pièce où un malade a séjourné, il suffit de mettre une poignée de chlorure de chaux, avec de l'eau, dans une ou plusieurs assiettes que l'on dépose par terre. Il faut avoir la précaution d'étaler préalablement les couvertures, les matelas, et d'ouvrir tous les meubles et toutes les armoires.

CHAPITRE TROISIÈME

MEUBLES ET ORNEMENTS.

Outre l'entretien de chaque jour, que nous avons indiqué dans le chapitre précédent, les meubles et les ornements réclament de temps à autre des soins particuliers.

Ces soins varient selon la matière sur laquelle ils s'appliquent.

Les meubles et les ornements sont en bois ou en métal; ils sont dorés, bronzés, vernis ou non vernis.

Tout ce qui est *doré* ou *bronzé* doit être épousseté avec un petit plumeau, ou frotté légèrement avec du coton en rame pour en enlever la poussière.

S'il y a des taches, on les enlève avec un linge imbibé d'esprit de vin ou simplement d'eau claire et tiède, puis on essuie promptement avec un linge fin et sec.

Pour préserver de la poussière et des mouches les cadres des glaces et des tableaux, le plus sûr moyen est de les revêtir de gaze.

Le *bois verni* ne doit être frotté qu'avec un linge fin et sec. Le contact de l'eau lui fait perdre son brillant.

Si une tache y paraissait, on l'enlèverait avec un linge imbibé d'esprit de vin.

Le *bois non verni* conservera son poli en le frottant souvent et assez fortement avec un morceau de drap ou de flanelle propre et sec. Un torchon ou une brosse pourrait le rayer.

Sur ces meubles vous ne ferez que rarement usage de la cire jaune ou de quelque autre pâte.

Dans ce cas, vous commencez par ôter avec soin la poussière et les taches. La poussière, en frottant avec un torchon; la tache, en la lavant avec une éponge ou un linge humide et en essuyant avec un linge sec.

Si la tache persiste, prenez un bouchon de liége et frottez-la vivement dans le sens du bois.

Avec un morceau de flanelle étendez alors la pâte, mais en petite quantité, puis avec un autre morceau de flanelle frottez à sec et longtemps, jusqu'à ce que vous ayez obtenu un beau poli.

La cire s'étend en frottant le pain sur le meuble même, que l'on polit ensuite avec un bouchon.

Mais cire et pâte sont des ingrédients qui ne servent d'ordinaire qu'à retenir la poussière et à former crasse.

Si un meuble en avait reçu une couche trop épaisse, vous l'en débarrasseriez en le lavant avec

de l'eau tiède, et en l'essuyant tout de suite vigou-
reusement.

Pendant ces diverses opérations, prenez garde
de ne pas salir les ornements, si le meuble en a, ni
le mur, s'il n'en peut être éloigné.

Nous avons indiqué dans le chapitre précédent
la manière de nettoyer les objets en *argent* et en
plaqué. Voici pour ceux en cuivre, en fer et en
acier.

Le *cuivre verni* veut être seulement essuyé à
sec. Si vous y passez un peu d'eau chaude ou de savon pour enlever les taches, il faut le sécher promptement avec une peau ou un linge fin, sans frotter
trop fort.

Si ce cuivre est placé en ornement autour d'un
meuble, vous prendrez garde en le nettoyant de ne
pas salir le bois.

Le *cuivre non verni* se nettoye avec de la terre
pourrie, du tripoli en poudre, mêlé dans de l'huile
d'olive, ou avec une eau à ce destinée et qui se vend
chez presque tous les droguistes et épiciers.

Dans cette opération, vous frottez d'abord avec
un morceau de drap ou de flanelle et vous essuyez
avec une peau.

Le *fer* et l'*acier* se frottent tout simplement
avec un linge sec; s'ils ont des taches, avec un linge
un peu humecté ou bien avec une flanelle légèrement imbibée d'huile; mais après vous devez avoir
soin de bien essuyer l'objet.

Là, où il y a de la rouille, vous frottez d'abord

avec du papier de verre, puis avec la flanelle huilée et vous essuyez.

Les *tableaux* sont époussetés avec le plumeau, jamais avec un linge.

Les *miroirs* et les *glaces* sont nettoyés avec du blanc d'Espagne comme les vitres. Si la glace est grande, on ne la couvre de blanc qu'en partie; parce que lorsque le blanc est sec, il ne s'enlève qu'avec peine, mais dès qu'il est étendu, vous le frottez avec un linge et vous achevez d'essuyer avec une peau.

Si la glace était ternie, vous la frotteriez avec un petit sac de linge fin contenant du bleu en poudre; elle reprendra son brillant.

Les objets en porcelaine, en marbre, en jaspe ou en albâtre, qui ornent et trop souvent embarrassent les cheminées, sont lavés à l'eau claire ou à l'eau de savon.

Les *lustres* sont simplement époussetés. Leurs bobêches en cristal sont lavées dans l'eau chaude et non bouillante.

Le *marbre* d'une table ou d'une cheminée est-il dépoli? on le repolit en le frottant avec un morceau de marbre poli, ou en le recouvrant d'un encaustique transparent, semblable à celui que l'on met sur le bois.

CHAPITRE QUATRIÈME

HABITS.

La partie du service qui se rapporte aux vêtements, ne se contente pas des soins ordinaires; elle veut être remplie avec un zèle intelligent, une attention prévenante. Ici, plus que partout ailleurs, les goûts, les habitudes des maîtres doivent être étudiés et satisfaits.

Règle générale : nettoyez et rangez un vêtement le plus tôt possible; tenez toujours propres et disponibles ceux qui ne sont pas portés tous les jours.

Vêtements d'Homme.

Bottes et souliers. — Pour être cirée comme il faut une chaussure doit être sèche.

On la fait sécher plus vite en la plaçant debout et la pointe en bas contre un mur ou l'échelon d'une chaise.

Si elle en a besoin, décrottez d'abord la chaussure avec un couteau ou une brosse bien raide; donnez-lui un coup de brosse douce pour enlever la poussière fine.

Rentrez en dedans les lacets pour que le cirage ne les salisse pas.

Alors, avec une brosse destinée à cela, étendez une légère couche de cirage.

Si le cirage est en pàte, il faut le délayer dans un peu d'eau ou dans votre salive.

Frottez ensuite énergiquement avec une brosse douce pour faire venir le brillant.

Les chaussures en *cuir verni* se lavent, mais ne se cirent pas. Essuyez-les avec un torchon et puis avec un autre linge bien sec.

Vous leur conserverez le brillant en les frottant, de temps en temps avec un morceau de flanelle légèrement imbibé d'huile d'olive.

Mais si elles venaient à le perdre tout à fait, vous le leur rendriez en y passant, avec un pinceau, une ou deux couches de cirage verni que vous feriez sécher à l'air et non au feu.

Habits, Redingotes, Pardessus, Pantalons, Gilets..... — Tout vêtement doit être d'abord battu pour en faire sortir la poussière.

Pour faire cette opération plus commodément, on le suspend à un chevalet ou à un bàton horizontal; mais si la pièce est petite, il vous sera plus facile de la tenir d'une main et la frapper de l'autre.

On bat avec un jonc, une verge ou un martinet.

Prenez garde de ne pas frapper sur les boutons, ils pourraient partir sous le coup.

Vous commencez ensuite à brosser.

Selon la forme et l'ampleur du vêtement, vous le laissez sur le chevalet pour le brosser, ou vous l'étendez sur une planche, une table.

La souplesse de votre brosse doit être proportionnée à la finesse de l'étoffe.

Brossez toujours dans le sens du poil, c'est-à-dire du haut en bas. N'appuyez pas trop fort, ne prolongez pas l'opération outre mesure; le vêtement serait bientôt rapé.

Après le dessus, brossez l'envers et ne négligez pas le collet.

Un vêtement mouillé ne doit pas être brossé avant qu'il soit sec.

Il en est de même d'un vêtement crotté. Lorsqu'il est sec on en frotte les parties crottées entre les mains, on les bat et enfin on les brosse.

Quelquefois la nature de la boue exige qu'on la lave, mais ce cas est rare.

Aussitôt battu et brossé, le vêtement doit être rangé en sa place et selon son espèce : les habits avec les habits, les pantalons avec les pantalons, les gilets avec les gilets.

Si vous êtes obligé de plier un vêtement, faites-le de manière qu'il ne prenne pas de faux plis et que l'envers soit tourné en dehors, excepté pour les pantalons. Rien de plus simple que cela.

Si c'est un habit ou une redingote, étendez sur table de manière que le dessus se trouve en dessus. Relevez le collet, pliez les manches au coude, les basques à leur point d'attache ou de séparation; ramenez les deux parties de devant et pliez le tout en deux dans la longueur.

Faites de même pour un pardessus. Comme ce vêtement n'a point de basques fendues et que, plié dans toute sa longueur, il pourrait être trop long, après avoir plié les manches au coude, prenez la partie inférieure et relevez-la jusqu'au collet, rabattez les devants et pliez en deux.

Quant aux pantalons, après les avoir boutonnés en haut, vous en pliez le corps en deux, de sorte que le pli soit sur la couture de derrière et les jambes l'une sur l'autre. Et comme le vêtement aurait ainsi trop de longueur, vous le pliez en trois avec un pli aux genoux et un autre vers la séparation des jambes.

Avant de plier un pantalon de drap, il faut voir s'il ne porte pas la marque des genoux, et la faire disparaître en la mouillant un peu avec une éponge. On laisse sécher avant de plier.

Chapeaux.— Les chapeaux veulent être traités délicatement. Ne lissez le poil qu'avec une brosse très-douce, et tenez le chapeau dans son étui.

Si le chapeau est mouillé, essuyez-le, lissez-le et mettez-le sécher. Quand il est sec, séparez-en les poils, en les frappant dans leur sens avec une brosse un peu forte.

Si vous aviez une forme, il faudrait y mettre le chapeau mouillé et le repasser avec un fer chaud ; de la sorte il ne risquerait pas de se déformer.

Vêtements de femme.

Bottines et Souliers. — Les souliers des dames se cirent ou se vernissent comme nous l'avons précédemment indiqué pour ceux des hommes.

La partie des bottines qui est en cuir ordinaire ou verni se traite de même.

Mais en les cirant ou en les vernissant, conduisez la brosse ou le pinceau avec assez d'attention pour ne pas salir l'étoffe.

Si cet inconvénient arrivait, faites aussitôt disparaître la tache en la lavant avec une éponge ou avec un bout de linge humecté, et essuyez.

Si une tache d'une autre nature se produisait sur des bottines et des souliers tout en satin ou en étoffe claire, vous la mouillerez avec un tampon de coton imbibé d'esprit de vin ; puis vous l'essuierez avec un autre tampon bien sec et bien propre, et vous continuerez l'opération, mouillant et essuyant, jusqu'à ce que la tache soit disparue, ce qui ne tardera pas.

Par ce procédé vous pouvez mettre une chaussure entièrement à neuf.

Robes, Jupes, Manteaux..... — Vous ne serrerez jamais un vêtement de votre maîtresse sans l'avoir visité avec soin.

S'il a besoin de quelque réparation, vous la ferez ou la ferez faire tout aussitôt.

S'il est chiffoné, vous lui donnerez un coup de fer.

S'il est crotté, vous enlèverez la boue en la lavant de suite, ou bien vous attendrez qu'elle soit sèche et l'enlèverez avec une brosse ou un morceau de flanelle.

S'il est mouillé, vous l'étendrez pour qu'il se sèche, et vous le repasserez, à moins qu'il ne soit en velours.

N'est-il dans aucun de ces cas, gardez-vous de le laisser traîner. Mais, après l'avoir étendu sur une table, frottez-le avec une brosse, s'il est en laine ou en velours, et avec un morceau de drap ou de flanelle, s'il est en soie.

Puis, pliez-le et rangez-le. En le mettant à sa place dans un tiroir ou sur une tablette, veillez à ce qu'il ne prenne pas de faux plis et qu'il ne soit pas trop chargé par les autres vêtements.

Les robes, les manteaux sont toujours beaucoup mieux placés dans une armoire où on peut les pendre.

Chapeaux et Bonnets. — Dès que votre maîtresse a déposé ces objets, la seule attention qu'ils réclament c'est d'être placés dans leurs cartons ou sur des champignons, dans une armoire bien fermée.

Veillez, en les plaçant, à ce que les garnitures ne souffrent pas.

CHAPITRE CINQUIÈME

VALET DE CHAMBRE ET FEMME DE CHAMBRE

Valet de Chambre.

Les instructions que nous avons données sur la manière de faire la chambre à coucher et de soigner les vêtements d'homme, regardent particulièrement le valet de chambre. Mais son service ne se borne pas là.

Le matin, entrez dans la chambre de votre maître à l'heure précise qu'il vous a donnée ou dès qu'un coup de sonnette vous appelle.

Ouvrez les fenêtres et les persiennes et allumez le feu, si la saison le demande.

Occupez-vous de la table de toilette, sur laquelle vous préparez tout ce qui est nécessaire : rasoirs, miroir, linge, peignes, brosses et eau chaude.

S'il n'est pas dans les habitudes que vous assistiez votre maître pendant sa toilette, vous vous retirez pour aller cirer les chaussures et brosser les habits. En les rapportant vous vous informez quels sont les vêtements que votre maître portera dans la journée, et vous les disposez sans rien oublier.

Lorsque la toilette est finie ou seulement lorsqu'il sort de sa chambre, vous y entrez vous-même pour la faire et vous mettez en ordre tout ce qui vient de servir.

Les rasoirs sont essuyés et passés sur le cuir, les serviettes sont étendues, les peignes sont brossés, et de temps en temps les brosses sont lavées.

Si votre maître est de ceux qui s'habillent souvent, ayez soin de tenir préparé tout ce qui pourrait lui être nécessaire dans la journée.

Le soir, après avoir fermé les persiennes et les fenêtres, vous tirez les rideaux du lit, vous faites la couverture, vous approchez du lit la table de nuit et, sur une chaise, à côté du lit vous placez d'abord les effets du lendemain, puis, audessus ceux de la nuit.

Pendant l'hiver, le feu doit être allumé à peu près une heure avant que votre maître entre dans sa chambre, et vous n'oublierez pas de mettre le garde-feu devant la cheminée.

Vous trouverez dans les recettes qui terminent ce volume, le complément des connaissances que vous devez avoir pour vous acquitter convenablement de votre service.

Femme de Chambre.

Le service de la chambre à coucher, l'ordre à tenir dans le cabinet de toilette, l'entretien des vêtements de femme constituent une bonne partie du travail dévolu à la femme de chambre. Nous avons indiqué dans les chapitres précédents la manière de s'en acquitter.

Les devoirs d'une femme de chambre embrassent une multiplicité de détails qu'il nous est est impossible de préciser.

La connaissance des goûts et des habitudes de sa maîtresse l'éclairera là-dessus plus que tout ce que nous pourrions dire.

L'ordre et la bonne volonté qu'elle mettra dans son service, lui donneront du temps pour toutes choses.

Il faut qu'elle évite à sa maîtresse la peine de lui dire à chaque instant ce qu'elle doit faire et de l'entendre lui demander ce dont elle a besoin.

Tout ce que ses fonctions regardent doit être rangé et préparé à propos.

Pour être une bonne femme, de chambre il ne suffit pas de savoir coudre et repasser comme tout le monde; il faut exécuter ces travaux avec une adresse qui ne soit pas commune; si on ne la possède pas, on doit chercher à l'acquérir.

Le recueil de recettes qui termine ce volume, donnera à une femme de chambre des renseignements qu'elle ne doit pas ignorer.

CHAPITRE SIXIÈME

SERVICE DE LA TABLE.

Les règles que nous allons donner pour le service de la table, pourront s'appliquer dans tout repas, quel que soit le nom dont on l'appelle, dîner ou déjeuner.

Un domestique devra choisir parmi ces règles celles qui s'adaptent aux habitudes et à la fortune de la maison où il se trouve.

Le *menu* est la composition du repas.

On entend par *service* le nombre de plats servis ensemble.

Si tout est mis à la fois sur la table, depuis le potage, s'il y en a, jusqu'au dessert, le repas est à *un service*. Cela se pratique ordinairement pour le déjeuner, où quelques plats cependant peuvent êtres remplacés.

Le repas dit *à la française*, qui est le plus beau et le plus riche, a trois services.

LE PREMIER SERVICE (les *entrées*) se compose du potage, du relevé de potage, des entrées et des hors-d'œuvre.

Le *potage* c'est le bouillon de bœuf ou de mouton avec julienne, pâte ou tranches de pain.

Le *relevé* est le bouilli de bœuf ou de mouton ou toute autre grosse pièce qui remplace le potage, dès qu'il est distribué et la soupière enlevée.

Les *entrées* sont des plats de viandes, gibier, volaille, poisson, presque tous avec sauce.

Les *hors-d'œuvre* sont des mets appétissants, tels que huîtres, thon mariné, saucisson, anchois, olives, radis, beurre....

LE SECOND SERVICE (l'*entremets*) se compose du rôti, des entremets chauds et froids et des salades.

Le *rôti* est toute pièce de viande blanche ou noire, de boucherie, de basse-cour ou de venaison, cuite à la broche.

Les *entremets* se composent de poissons frits, de pâtisseries, légumes, œufs, crèmes et autres entremets sucrés.

LE TROISIÈME SERVICE (le *dessert*) est tout composé de choses plus ou moins friandes : fromage, fruit, pâtisseries, confitures, sucreries...

Le service *à la française* est généralement pratiqué tel que nous venons de le décrire. De nos jours cependant on commence à le simplifier, et, sans en exclure une certaine élégance, on le réduit souvent à un repas à deux services.

Service ordinaire.

Sous ce titre, nous plaçons tous les détails qui se rapportent au service journalier de la table dans une grande maison. Il sera facile à chacun de modifier et de restreindre l'application de ce que nous indiquons; qui peut le plus, peut le moins.

Préparatifs. — La salle à manger a été faite dès le matin; l'argenterie, les couteaux sont nettoyés, les assiettes sont essuyées.

Une heure à peu près avant le repas, tous ces objets sont portés dans la salle à manger en quantité plus que suffisante pour le service, afin de n'être pas pris au dépourvu au milieu du repas. L'habitude vous aura bientôt instruit à cet égard.

Pour ne pas vous tromper dans le calcul des assiettes, il faut en compter pour chaque convive autant qu'il y a de plats aux services et au dessert.

Il vaut beaucoup mieux en avoir de reste que d'en manquer. Il serait fort désagréable de les faire attendre.

Les assiettes essuyées sont placées sur une table, en piles distinctes selon leur destination.

Vous visitez les huiliers.

Vous montez de la cave les bouteilles. Le vin ordinaire doit être servi frais en toute saison. Pendant l'été, vous le rafraîchirez dans de l'eau frappée ou de l'eau de puits.

Le vin de Bordeaux doit être placé deux ou trois heures avant le dîner dans la salle à manger, afin qu'il en prenne la température; c'est la meilleure méthode pour lui faire développer son bouquet. Il en est de même des vins de liqueur réservés pour le dessert. Le vin de Bourgogne demande en tout temps une température modérée, il doit garder toujours une fraîcheur sensible. Le vin de Champagne veut être frappé complètement; pour cela on place les bouteilles dans des sceaux garnis de glace pilée et de gros sel pendant environ deux heures.

Si le vin ordinaire, qui doit rester en permanence sur la table, est servi dans des carafes de même forme que celles de l'eau, vous les emplissez alors.

Vous emplissez aussi les carafes d'eau, et, selon la saison, vous les mettez au frais dans un sceau d'eau frappée, d'eau de puits ou dans le puits lui-même, d'où vous ne les tirez qu'au dernier moment de la mise du couvert.

Vous préparez le dessert, le renouvelant, le changeant d'assiettes et le disposant avec grâce, de manière qu'il ne paraisse pas être le reste du repas précédent.

Les assiettes de fruits se garnissent de feuilles vertes naturelles ou artificielles. On les arrange aussi avec de la mousse lavée et séchée ou même teinte. Chaque fruit doit être placé de manière que l'on n'en voie ni la queue ni l'ombilic. Mais cet arrangement n'est possible qu'avec des fruits assez gros; il serait ridicule de l'appliquer, par exemple, à des cerises ou à des fraises.

Les confitures sont servies dans des compotiers.

Tous les plats qui composent le dessert seront disposés sur le buffet-dressoir dans l'ordre où ils doivent paraître sur la table, afin qu'ils puissent y être transportés, sans qu'on n'ait plus à se préoccuper de cet ordre qui en fait le charme.

Vous placez aussi sur le buffet les entremets froids et les hors-d'œuvre.

Les hors-d'œuvre sont servis sur des coquilles ou des petits plats d'une forme particulière, où à certains d'entre eux on donne une disposition qui cherche à flatter l'œil.

Ainsi, à l'aide d'un couteau ou d'un instrument destiné à cet usage, on donne au *beurre* les formes les plus variées : coquilles, demi-cornets, rubans aplatis, frisés ou cannelés.

Les *radis* sont épluchés avec soin, c'est-à-dire qu'on en supprime les racines et les plus grosses feuilles pour ne laisser que deux ou trois petites feuilles tendres ; et on les arrange avec ordre et sans eau dans un ravier. On peut aussi avec un couteau, en commençant par la pointe du côté de la racine, en séparer la peau rouge par filaments jusqu'au collet des feuilles sans l'en détacher tout-à-fait; de cette manière le radis a l'apparence d'une fleur épanouie.

Les *betteraves* et les *concombres* en salade sont coupés en tranches minces et servis marinés.

Les *melons* ne se servent pas entiers, mais coupés par tranches que l'on nettoye avec soin et dont on enlève l'écorce à plus des trois quarts de la longueur.

Les *artichauts* qui doivent être mangés à la poivrade, sont coupés en quatre ou huit morceaux, débarrassés de leur foin et de leurs grosses feuilles, parés en coupant l'extrémité des autres feuilles et frottés de vinaigre ou de citron pour qu'ils ne noircissent pas.

Les *anchois* sont d'abord bien lavés, puis grattés légèrement avec un couteau, ouverts, dépouillés de la tête et de l'arrête, essuyés sur un linge et coupés en quatre ou cinq filets dans la longueur. Ces filets sont placés dans la coquille, sur deux rangées transversales, de manière à former un grillage en carré ou en losange. Le tour de la coquille est garni alternativement de persil, de jaune d'œuf, d'oignon blanc, le tout haché très finement.

Le *saucisson* est servi en tranches très-minces.

Si le feu n'est pas allumé et que la saison le demande, vous l'allumerez afin que l'appartement puisse se chauffer d'avance.

L'éclairage doit être préparé de manière qu'il n'y ait plus qu'à l'allumer, si l'on en avait besoin.

Nous avons oublié de vous parler des *rince-bouche*, N'oubliez pas vous-même de les préparer. Les rince-bouche se composent d'un verre et d'un bol de couleur opale. Disposez-les sur l'étagère ou sur la table de service.

Mise du couvert. — Mettez la table à sa place, si elle n'y est pas; ouvrez-la, tirez-bien les coulisses qui soutiennent les battants, ou bien placez des ralonges.

La table doit être placée de manière à ne pas embarrasser le passage, ni gêner le service autour d'elle.

Essuyez-là avec soin, placez-y une couverture en laine ou en coton. C'est un usage très-agréable lorsqu'il fait froid. Cette couverture étouffe d'ailleurs le bruit des assiettes et des verres que l'on pose sur la table pendant le repas et garantit de plus cette dernière contre tout accident qui ferait renverser un liquide quelconque.

Etendez ensuite la nappe par dessus, uniformément et sans qu'elle garde aucun pli.

Si vous voulez que votre table ait une bonne apparence il faut que la nappe descende à 30 ou 40 centimètres du plancher.

Dans les maisons où l'on n'a pas encore adopté l'usage de la brosse pour nettoyer la table entre le second service et le dessert, on couvre la nappe d'une serviette ou napperon étendu au milieu.

Vous placez avec symétrie les assiettes autour de la table; il faut laisser un espace d'au moins 40 centimètres entre chaque assiette.

A la droite de chaque assiette, dont le nombre doit être égal à celui des convives, mettez un couvert, fourchette et cuiller, et un couteau.

Le bout du couteau doit être relevé sur le porte-couteau.

Dans certaines maisons la fourchette se place à gauche de l'assiette ; mais cet usage n'est pas généralement reçu.

Dans chaque assiette vous mettez une serviette pliée avec goût, et dans son pli un morceau de pain de grosseur médiocre, si vous n'avez pas de petits pains.

Devant chaque assiette vous rangez symétriquement un grand verre pour le vin ordinaire, un verre à pied pour le vin de bordeaux, un autre verre à pied plus petit pour le vin de madère, et le verre pour le vin de champagne.

Ce dernier verre ne se place pas toujours sur la table lors de la mise du couvert. On ne le présente quelquefois sur un plateau qu'au moment où l'on fait circuler le vin mousseux.

Les carafes d'eau et les bouteilles de vin ordinaire alterneront sur la table et y seront assez nombreuses pour que chacun puisse se servir lui-même sans avoir recours à ses voisins ; il faudrait, si c'était possible, que chaque convive eut d'un côté une carafe et de l'autre une bouteille.

Chaque bouteille et chaque carafe sera placée sur son rond, qui doit être toujours sec et essuyé.

Les salières et les poivrières seront aussi en nombre suffisant pour que chaque convive en ait une à sa portée.

Dans les maisons où le domestique ne sert pas le potage et ne découpe pas les plats, vous placez un peu à gauche, entre la soupière et le couvert de la personne qui fait les honneurs, une pile d'assiettes à soupe, la grande cuiller à potage, des fourchettes et des couteaux à découper, et plusieurs couverts de rechange pour les différents plats et en nombre égal.

Tous ces objets seront espacés avec une agréable symétrie.

De la table à manger, passez maintenant à la table de service et à l'étagère.

La table de service doit occuper l'angle de la salle à manger le plus rapproché de la porte par laquelle on communique avec la cuisine; elle sera couverte d'une serviette bien propre.

Dans les maisons où le domestique sert le potage et découpe, vous placerez sur cette table une grande cuiller et les assiettes à potage, puisque c'est là qu'il est servi, d'autres cuillers ordinaires en nombre égal à celui des plats dans lesquels elles doivent être placées à mesure qu'on les passe, des couteaux et des fourchettes à découper, un réchaud sur lequel on pose le plat qui doit recevoir les morceaux à mesure qu'on les découpe; on y place aussi quelquefois une planche à découper, mais cette planche n'est pas d'un usage assez propre, il vaudrait mieux y substituer un plat, ou bien découper la pièce dans le plat même qui la porte.

C'est sur la table de service que vous déposerez un instant les plats apportés de la cuisine, en attendant que vous ayez pris vos mesures pour les placer sur la table à manger ; c'est là également que vous mettrez les assiettes sales et les plats quand vous desservirez, mais il faudra éviter qu'il y ait encombrement. Pour cela, vous porterez le plus de ces objets que vous pourrez toutes les fois que, pendant le repas, vous irez à la cuisine.

L'étagère ou buffet-dressoir ne doit pas être éloignée de la table à manger, afin que les objets dont elle est garnie soient à la portée du domestique qui sert. Placez-y :

Les couverts de rechange, si vous êtes dans une maison où l'on change de couvert à chaque plat ;

Les assiettes ordinaires en nombre suffisant pour tout le repas, comme nous l'avons dit à l'article des préparatifs ;

Les assiettes de dessert, que vous garnissez en même temps chacune de son couvert : cuiller, fourchette de dessert, couteau d'argent et couteau d'acier. Ces objets sont arrangés en croix ; vous placez ensuite les assiettes sur l'étagère, non pas en les étalant, ce qui vous demanderait beaucoup trop d'espace, mais en les superposant les unes aux autres, sur leurs bords. Placez-y encore

Les bouteilles de vin fin que vous avez dû monter à l'avance et auxquelles vous laissez les étiquettes pour éviter les méprises. Vous nettoyez les bouteilles de leur sable, mais vous respectez ce qui leur donne un air de vieillesse; vous dégoudronnez celles dont le goulot est goudronné.

Une précaution que vous ne devez pas manquer d'avoir, c'est de placer aussi sur l'étagère quelques carafes remplies d'eau et quelques bouteilles de vin ordinaire, pour rechange, afin que les convives devant lesquels l'eau ou le vin viendrait à manquer ne soient pas exposés à attendre.

Comme les couverts, les assiettes, les bouteilles, les carafes, dont nous venons de parler, peuvent se trouver en grand nombre sur l'étagère, vous les y disposerez de manière à éviter une confusion qui pourrait nuire à la commodité du service. Pour cela, les objets qui doivent servir les premiers seront placés sur les bords, et les autres derrière, dans l'ordre où ils seront employés.

Cet ordre serait d'une rigueur encore plus absolue, si vous n'aviez, pour recevoir ces différents objets, qu'une table de service.

Maintenant revenez à la table à manger.

Mise du premier service. — Nous supposons une table de 12 couverts. Vous les avez tous placés comme nous l'avons dit tout-à-l'heure.

Au milieu de la table placez l'assiette pour recevoir la soupière, si le potage doit être servi sur la table; sinon, placez-y un réchaud pour recevoir le relevé.

Autour de cette assiette ou de ce réchaud, si

vous avez quatre entrées, placez en carré quatre autres réchauds; n'en placez que deux si
vous n'avez que deux entrées; mais alors ces
deux entrées seront sur une seule ligne avec
le potage ou le relevé.

Sur les côtés, vis-à-vis les coins de la table,
non carrément, mais en biais ou sur les dia-
gonales, placez quatre hors-d'œuvre se faisant
face deux à deux. Vous mettrez dans chaque
coquille l'instrument d'argent qui convient à la
nature du hors-d'œuvre.

Allez chercher à la cuisine la soupiére et
les entrées que vous déposez un instant sur la
table de service.

Allumez les réchauds qui doivent recevoir les
entrées chaudes, n'allumez pas ceux où seront
placées les entrées froides et qui ne sont là que
pour la symétrie. Si dans le cours du service
vous devez remplacer des plats chauds par des
plats froids, vous ferez bien attention de ne
point placer ces derniers sur un réchaud allumé, mais vous remplacerez également le réchaud,
ou, si vous n'en avez pas de rechange, vous l'enlèverez, vous jetterez le feu ou vous éteindrez la bougie, vous le remettrez en place et vous y poserez
le plat froid qni ne risquera plus ainsi de se
chauffer.

Les réchauds étant allumés, placez votre soupière sur l'assiette du milieu, si elle doit paraître sur la table, ou, dans le cas contraire,

votre relevé sur le réchaud qui lui est destiné ;
placez ensuite vos entrées.

La disposition des plats sur la table n'est pas
chose indifférente et a sa bonne raison d'être.
Vous ne devez ni l'ignorer ni y manquer.

La position des mets est relative à la personne qui fait les honneurs de la table et à
l'ordre dans lequel ils doivent être servis.

Cet ordre, pour le premier service, est : relevé, poisson, volailles, gibier et entrées froides.

Le relevé est au milieu, puis sur la ligne
la plus rapprochée de la personne qui fait les
honneurs, vous placez à droite le poisson, à
gauche la volaille ; sur la seconde ligne le gibier à droite, et une autre entrée à gauche.

Si vous n'avez que deux entrées, vous les
placerez, comme nous l'avons dit, sur la même
ligne que le relevé ou le potage, celle qui doit
être servie la première à droite, et l'autre à
gauche.

Voilà pour la disposition générale du premier service, celle du second se fait d'après les
mêmes règles. Mais chaque plat, selon sa nature, doit être placé ou tourné d'une manière
particulière. Ainsi

L'*aloyau,* posé dans le plat sur le côté, le
morceau le plus tendre en dessus, doit avoir le
gros os du bout tourné vers la droite de la
personne qui sert.

Le *quartier d'agneau* se pose, le côté mince, tourné vers le milieu de la table et le manche à gauche.

Le *gigot*, le *jambon* doit avoir son manche à gauche et sa partie charnue regardera la personne qui sert.

C'est l'estomac en dessus et la tête tournée vers la droite que vous placerez *poulet, dindon, canard....*

Quand plusieurs *perdreaux, pigeons, cailles* et autres oiseaux seront placés l'un contre l'autre sur un même plat, ils auront l'estomac en dessus et les pattes dirigées vers le milieu de la table.

Un *lièvre*, un *lapin* sera servi le dos en dessus et la tête vers la droite.

Si on ne présente d'un lièvre ou d'un lapin que le *train de derrière*, il sera placé le dos aussi en dessus et la queue également vers la droite.

Le dos d'un *poisson* regardera la personne qui sert, et sa tête sera tournée vers la droite.

Cette manière de tourner les différents mets sur la table est applicable à ceux du second comme à ceux du premier service.

Maintenant que tout votre premier service est sur la table, placez les chaises et allumez l'éclairage, si l'heure le demande. Si la nuit devait arriver pendant qu'on sera à table, il vaudrait mieux fermer les volets et éclairer dès que vous avez

servi, pour ne pas le faire au milieu du repas,
ce qui occasionne toujours un dérangement in-
commode.

Jetez un coup d'œil pour vous assurer que
tout est comme il faut dans la salle, sur la
table à manger, sur la table de service et même sur votre personne.

Vous devez être proprement et décemment
vêtu, vos cheveux en bon ordre, vos mains
bien lavées, vos chaussures légères et non criardes.

Si la maison a une livrée, vous l'endosserez.

Une femme doit servir en tablier blanc d'une
propreté irréprochable.

Mettez vos gants de coton blanc si c'est l'u-
sage de la maison, et ayez-en à votre portée
une paire de rechange, en cas d'accident.

Prenez une serviette propre, pliez-la en trois,
roulez-la et placez-la sous votre bras gauche.
Puis allez annoncer le service, laissant ouver-
tés toutes les portes que vous rencontrez.

Entrez sans précipitation dans le salon, faites
deux ou trois pas en avant, et dites de manière
à être entendu : *Madame est servie* ou *Monsieur est servi*.

Allez tout de suite vous placer à côté de la
porte ouverte de la salle à manger, que vous
fermez dès que tout le monde est entré.

Manière de servir à table. — Pendant que
l'on s'assied vous allez vous placer derrière la
personne qui sert et qui fait les honneurs de

la table; ce serait de votre part une attention agréable si vous lui poussiez la chaise au moment où elle s'assied.

Là vous attendez qu'elle découvre la soupière dont vous recevez le couvercle sur une assiette ; ou bien vous enlevez vous-même ce couvercle et vous le retournez assez vivement pour que les gouttes d'eau formées par la vapeur ne tombent pas sur la table. Vous allez à l'instant le déposer sur la table de service et vous revenez à la gauche de la personne qui sert pour recevoir les assiettes de potage.

Ces assiettes, vous les portez l'une après l'autre à chaque convive, en les passant toujours du côté gauche et par ordre de dignité.

La première place d'honneur, pour les dames, est à la droite du maître de la maison, comme celle des hommes est au côté droit de la maîtresse, la seconde est à la gauche; les autres suivent celles-là dans le même sens. Le service doit se faire selon cet ordre, surtout quand on offre le potage; mais il serait embarrassant de le suivre scrupuleusement pendant toute la durée du repas.

Dès que tout le monde est servi et pendant qu'on mange le potage, vous allez chercher le relevé, vous le déposez un instant sur la table de service, vous enlevez de dessus la table à manger la soupière avec l'assiette qui est dessous. Une main soulève l'assiette et l'autre main tient la soupière. A la place de la soupière vous posez un réchaud allumé et sur le réchaud le relevé.

Vous enlevez les assiettes à soupe à mesure que chaque convive a fini, et, tandis que la personne qui sert apprête le relevé, vous servez le vin de Madère ou de Xérès et vous passez, si vous avez le temps, ou vous faites circuler les hors-d'œuvre.

Si le potage ne paraît pas sur la table et si vous devez le servir vous-même, alors, pendant que les convives prennent place, vous allez à la table de service et vous distribuez tout de suite le contenu de la soupière dans l'ordre qui convient.

Pendant que l'on mange le potage, vous prenez sur la table à manger le relevé, vous le découpez sur la table de service et vous le remettez à sa place. Aussitôt vous enlevez les assiettes à soupe et vous servez le Madère et les hors-d'œuvre.

Dans les maisons où le domestique est chargé de découper, vous enlevez, au moment opportun, le plat de dessus la table, vous l'emportez sur la table de service et vous procédez à l'opération avec adresse et propreté.

Chaque pièce à sa manière particulière d'être découpée. Nous l'enseignons dans un chapitre à part. Sans prétendre au titre d'écuyer tranchant, tout domestique doit se former à cette partie du service.

Si, pendant que vous découpez, des éclaboussures de sauce ou de jus avaient jailli sur les bords du plat, vous ne manquerez pas de les essuyer.

Le découpage terminé, vous remettez le plat sur la table, et vous le servez lorsque chaque convive a une assiette propre devant lui.

Il y a deux manières de servir un plat : en le passant ou en le distribuant.

Quand vous *passez* un plat, vous le portez sur la main gauche, vous le présentez successivement *à la gauche* de chaque personne, en commençant par la plus digne, et, pour qu'elle puisse se servir commodément, vous tenez le plat assez bas, à sa portée, et vous tournez vers elle le côté où se trouve la cuiller ou la fourchette; en même temps vous dites à chaque convive quel est le met que vous offrez. Lorsque vous avez fait le tour de la table, vous remettez le plat à sa place.

Un plat est *distribué*, lorsque la personne qui fait les honneurs de la table veut bien elle-même servir les convives. Dans ce cas, vous placez devant elle une assiette propre qu'elle garnit. Lorsque cette assiette est garnie, vous la remplacez par une autre propre et vous allez promptement, mais sans précipitation, porter la première au convive à qui elle est destinée.

Vous la lui présentez *à sa gauche* et l'avancez jusque sous l'assiette propre que le convive a devant lui et qu'il doit soulever. Vous prenez cette assiette propre, vous revenez la placer devant la personne qui sert et dont vous recevez une autre assiette garnie, et ainsi de suite jusqu'à ce que tout le monde soit servi.

Vous devez faire bien attention pour n'oublier personne dans cette distribution, les personnes les moins susceptibles sont sensibles à un pareil oubli. N'offrez pas non plus deux fois à la même personne.

Lorsque chacun est servi, vous venez vous placer derrière la personne qui sert, prêt à exécuter ses ordres.

De là, comme d'un poste d'observation, vous avez l'œil sur les convives pour prévenir leurs besoins ou satisfaire leurs demandes.

Quelqu'un a-t-il besoin de pain? Les carafes et les bouteilles sont-elles vides? Offrez ou remplacez.

Vous devez être sourd à tout ce qui se dit et qui ne concerne pas votre service. Votre attitude est sérieuse.

Vous devez avoir habituellement une assiette propre à la main. La serviette roulée que vous portez sous le bras vous sert pour essuyer ce qui réclamerait ce soin.

Vous n'offrirez aucun objet sans le présenter sur une assiette : du pain, un verre, une fourchette, un couteau...

Dès qu'un convive a fini, vous lui enlevez son assiette et vous la portez à mesure sur la table de service.

Vous ne prendrez pas plusieurs assiettes sales à la fois, car, outre la malpropreté et les accidents qui peuvent en résulter, il faut que vous ayez une main libre pour remettre à l'instant une assiette propre à la place de celle que vous enlevez. Un convive ne doit jamais rester sans une assiette devant lui.

Ce remplacement d'assiette se fait en présentant *à droite* l'assiette propre et en l'avançant, comme nous l'avons dit, jusque sous l'assiette que le convive soulève et que vous prenez de la main droite.

Mais si la personne ne soulève pas son assiette lorsque vous lui en présentez une autre, vous vous arrêtez' et vous attendez qu'elle le fasse ou bien vous allez remplacer celle d'une autre personne plus expéditive.

Sur un signe ou bien lorsque vous voyez vous-même que plus de la moitié des convives a fini et a une assiette propre, vous vous occupez d'un autre plat que vous découpez vous-même ou que vous rapprochez de la personne qui fait les honneurs pour qu'elle le découpe.

Cela fait, vous achevez d'enlever les assiettes sales de devant les convives et vous servez cet autre plat en le passant ou en le distribuant.

Lorsque vous ôtez et vous mettez les plats sur la

table, vous devez apporter la plus grande attention à ne point tacher ni froisser l'habit ou la
robe d'aucun convive.

Dans les maisons où l'on est dans l'usage de
changer de couteaux et de fourchettes à chaque plat, si vous n'aviez pas à votre disposition
un matériel suffisant pour ce rechange durant
toute la durée du service, vous auriez soin de
faire laver à la cuisine et de rapporter à mesure, dans la salle à manger, l'argenterie dont
vous pourriez avoir besoin, de manière qu'il
n'y ait ni interruption, ni retard dans le service. Cet usage n'est pas généralement adopté,
mais, dans beaucoup de maisons, le changement
des couteaux et des fourchettes se fait après
les plats de poisson.

Prenez garde que votre table de service ne
soit pas trop embarrassée, et, dès que vous
avez un moment, portez à la cuisine la vaisselle sale; mais ne soyez absent de la salle à
manger que le moins longtemps possible.

N'oubliez pas le service des vins.

Le vin ordinaire, avons-nous-dit, est en permanence sur la table et à la portée de chaque convive qui se sert à volonté. Votre uni-
que soin c'est de remplacer les bouteilles lorsqu'elles sont vides, et pour cela n'attendez pas
qu'on vous le dise.

Vous avez servi le vin de madère tout de
suite après le potage.

Il vous reste à passer, pendant les entrées, les vins de Bourgogne et de Bordeaux. Si vous avez à passer à la fois deux vins différents, vous prenez une bouteille dans chaque main, vous vous présentez *à la droite* de chaque convive, et vous nommez les vins à demi-voix, en disant : *vin de Bordeaux, vin de Bourgogne,* et non tout court : *Bordeaux, Bourgogne.* Cette nomination des vins se fait quand même vous n'auriez qu'une seule espèce à offrir.

La convenance exige, lorsque vous versez le vin, que vous n'emplissiez les verres qu'aux trois quarts.

Ordinairement les vins précieux sont servis par le maître.

Lorsque tous les plats, qui composent le premier service, ont été passés ou distribués, vous attendez un signe de la personne qui fait les honneurs pour desservir.

Mais, avant de commencer cette opération il faut que toutes les assiettes aient été changées. Quelquefois même on change les couverts et les couteaux.

Vous enlevez les plats en commençant par le bas bout de la table et finissant par le haut.

Le haut bout de la table est celui qui est opposé à la porte principale d'entrée.

Vous laissez les bouteilles de vin ordinaire, les hors-d'œuvre et les réchauds.

Second service. — Le second service a ordinairement le même nombre de plats que le premier, il reçoit par conséquent la même disposition.

Au milieu le rôti, autour et en carré les entremets, s'il y en a quatre, ou sur la même ligne, s'il n'y en a que deux.

La salade et l'huilier se placent aux extrémités, en face l'un de l'autre, s'il y a quatre entremets, ou de chaque côté du rôti, devant la personne qui sert, s'il n'y en a que deux. Si la salade est faite, on peut se dispenser de poser l'huilier sur la table, et alors on donne à la salade une place qui ne rompe pas trop la symétrie.

La place respective que doivent occuper les entremets est commandée par leur ordre de service.

Cet ordre est celui-ci : le rôti, les légumes, les fritures n° 4, et enfin les entremets sucrés. La salade accompagne toujours le rôti et s'offre immédiatement après.

La salade se fait d'ordinaire pendant que l'on découpe le rôti. Si c'est vous qui êtes chargé de la faire, vous la faites sur la table de service et vous la posez de nouveau sur la table des convives après l'avoir fatiguée. Si vous ne devez pas la faire, vous l'avancez près de la personne qui sert ou de toute autre personne qui veut bien s'en charger. Vous mettez à sa portée tout ce qui est nécessaire pour l'assaisonner, et même si vous n'êtes pas occupé à découper le rôti, vous restez auprès d'elle pour lui tendre l'une après l'autre les burettes de l'huilier débouchées. Quand la salade est assaisonnée vous l'enlevez, vous la tournez, et vous la rapportez lestement.

Le rôti doit être servi aussitôt qu'il est découpé et la salade après.

Avec le rôti doit paraître le vin de Champagne, s'il n'a pas commencé à pétiller dès le premier service.

Le vin de Champagne se débouche hors de la salle à manger ou du moins de manière que les convives n'entendent pas le bruit des bouchons. Ce bruit, avec la gaîté qu'il excite, n'est permis que dans un repas de famille ou d'amis.

Si les verres à Champagne ne sont pas déjà sur la table, vous les passez sur un plateau et vous les emplissez en même temps.

Pendant tout ce second service, appliquez la même manière de servir, apportez la même attention, la même prévenance.

Les vins de Bourgogne et de Bordeaux doivent arroser les entremets, passez-les de temps en temps, et, autant que vous le pourrez, évitez de servir des vins différents dans le même verre.

Lorsqu'on arrive à la fin du second service et qu'il ne reste plus que l'entremets sucré, vous débarrassez la table de tous les autres plats, des salières, du moutardier, de l'huilier, des hors-d'œuvre, des réchauds.

Chaque convive ayant une assiette propre, vous posez l'entremets devant la personne qui fait les honneurs, à côté vous placez une assiette portant une quantité de cuillers égale au nombre des convives, et vous servez la distribution de l'entremets comme celle de tout autre plat.

Après que l'entremets est mangé, vous achevez le dégagement de la table. Vous enlevez le napperon en repliant, vers le milieu, les deux coins du haut bout de la table, puis les deux autres coins, et vous ôtez le tout lestement. Ensuite vous retirez, à chaque place, les couteaux, les cuillers, les fourchettes et les assiettes que vous ne remplacez pas.

Si c'est l'usage dans la maison, vous nettoyez alors tout le tour de la table.

Pour cela, vous prenez une assiette de la main gauche, et de la main droite une serviette roulée ou une brosse courbe à ce destinée.

Vous vous présentez successivement entre tous les convives, vous allongez un peu le bras droit, et, avec la serviette ou la brosse que vous tenez, vous nettoyez la moitié de la place de la personne que vous avez à gauche, puis la moitié de la place de celle que vous avez à droite, et, tenant l'assiette un peu sous le bord de la

table, vous y faites tomber dedans les miettes
que vous venez de ramasser.

Cette opération doit être faite assez lestement
pour ne point retarder le service du dessert.

Le dessert ou *troisième service*. — Vous placez, devant chaque convive, une assiette à dessert telle que vous avez dû la préparer avant
le repas, et vous mettez ensuite votre dessert
avec symétrie. Pour obtenir cette symétrie il
faut que votre dessert soit en nombre impair.

Vous placez d'abord la pièce centrale, puis
les autres plats autour, avec un espacement
proportionné au large dont vous pouvez disposer, de manière que les plats de même espèce
ou d'espèce analogue se trouvent d'un côté diffé-
rent, se correspondant en diagonale et se croisant.

Pour relever l'aspect général de votre dessert,
vous posez les plats les plus hauts et les plus appa-
rents vers le milieu, ce sont les corbeilles de fruits,
les compotiers. Les bonbons et sucreries sont
placés à la circonférence.

N'oubliez pas de mettre un couteau dans l'assiette au fromage, et des petites cuillers en
quantité suffisante dans l'assiette qui supporte
les compotiers ou qui accompagne les confitures.

Vous commencez le service du dessert par
le fromage; vous le continuez par les fruits et
vous le terminez par les choses les plus délicates. Les confitures et compotes passent avant
les sucreries.

Vous n'otez point les assiettes aux convives à chaque plat du dessert, mais lorsque vous apercevez devant quelqu'un une assiette encombrée de débris, vous vous hâtez de la lui remplacer.

Les compotes, les salades d'oranges sont servies ordinairement par la personne qui fait les honneurs. Pour cela, vous lui tendez une assiette avec une cuiller moyenne et vous allez la porter, lorsqu'elle est garnie, au convive à qui elle est destinée. Les assiettes qui ont servi pour ces mets doivent être remplacées, parce que le reste du jus serait gênant lorsqu'on fera circuler les bonbons.

Les vins de dessert sont des vins sucrés, comme ceux de Lunel, de Frontignan, de Malaga, de Chypre, de Tokai.

Lorsque vous voyez que le service du dessert touche à sa fin, vous allez remplir les rince-bouche, si on en fait usage dans la maison.

L'eau dont vous vous servez doit être tiède et aromatisée avec un peu d'essence de menthe, d'anis ou d'angélique, et même avec une tranche de citron placée dans chaque verre. Il n'y a que le verre qui soit rempli d'eau; vous le placez dans le bol vide, et le tout est porté sur une assiette que vous déposez devant chaque convive.

Quand vous avez distribué les rince-bouche ou que vous voyez que votre service est désor-

mais inutile à la table, vous passez au salon
où, selon l'heure et la saison, vous disposez
les fenêtres et les persiennes, vous ranimez le
feu, vous rallumez l'éclairage.

Occupez-vous ensuite du café. Veillez à ce
qu'il soit chaud, sans qu'il bouille cependant.

Pendant que le café se chauffe, préparez sur
un plateau les tasses avec une petite cuiller
dans chaque soucoupe, le sucrier bien garni,
avec sa pince, et le pot à crème chaude. C'est
entre ces deux derniers objets que vous placerez la cafetière, lorsque le moment de la porter
sera venu.

Le café se sert plus convenablement dans
le salon. Dès que tout le monde s'y est rendu,
ou sur un coup de sonnette que vous attendez,
vous y portez votre plateau préparé, vous le
déposez sur une table disposée pour le recevoir,
et vous vous retirez, à moins qu'on ne vous
retienne pour distribuer le café. La maîtresse de
maison se charge ordinairement de cette distribution.

Vous revenez au salon, quand vous jugez que
le café est pris ou quand on vous y rapp...,
et vous enlevez, sur le plateau, tout ce que
vous y avez apporté.

Si c'est dans la salle à manger que l'on prend
le café, après avoir entièrement dégagé la table,
de manière qu'il n'y reste plus que la nappe,
vous posez le plateau devant la personne qui

doit servir, et vous en faites la distribution
en présentant la tasse avec sa soucoupe et sa
petite cuiller à gauche et de la main gauche,
et le sucrier muni de sa pince de la main
droite; ou bien vous servez le café vous-même.

Dans ce cas, vous laissez le plateau sur la
table de service, vous placez devant chaque
convive une tasse vide avec sa soucoupe et sa
cuiller, puis vous prenez de la main droite la
cafetiére, de la main gauche un petit plateau
portant le sucrier et le pot à crême chaude,
et vous vous présentez à la gauche de chaque
personne à qui vous versez d'abord le café
et vous offrez ensuite le plateau, pour qu'elle se
serve elle-même de crême et de sucre. Mais il serait plus facile et plus expéditif de faire circuler le
sucrier de main en main, tandis que vous servez le
café et la crême.

Si, après le café, on doit prendre des liqueurs,
vous en apportez les verres et les flacons sur un
plateau séparé, ou sur le même, entre les tasses à
. fé; ou bien vous déposez sur la table cet élégant
pet. meuble que l'on appelle *cave à liqueurs*. Le
maître de la maison se charge ordinairement du
soin d'offrir l'aimable liquide.

Desserte et *occupations après le repas.* —
Quand tout le monde est sorti de table, si vous
n'avez pas le temps de mettre tout de suite en ordre
la salle à manger, vous la fermez à clef pour que

ni chien, ni chat, ni aucun domestique indiscret ne s'y introduise.

Pour ce qui regarde la part à faire aux domestiques dans la desserte de la table, vous devez vous conformer aux ordres de vos maîtres ou à l'habitude de la maison.

La manière dont vous vous comporterez à cet égard donnera lieu d'apprécier votre délicatesse et votre esprit d'économie.

Aussitôt que vous le pouvez, revenez dans la salle à manger où, si le café a été pris au salon, tout le dessert est encore sur la table.

La levée du couvert doit se faire sans que rien ne se perde, ne se casse, ne se gaspille.

Les restes des mets délicats seront conservés, et ceux du dessert replacés avec symétrie et propreté.

Si le linge de table doit servir plusieurs fois, en enlevant les serviettes vous remarquez les rouleaux ou la manière dont chaque personne a l'habitude de plier la sienne, afin de la lui remettre au repas suivant; vous pliez celle qu'on a oublié ou négligé de plier, et vous réunissez le tout dans la nappe tournée en rouleau.

Si la nappe était chiffonnée, vous y jetteriez dessus quelques gouttes d'eau avec le bout de vos doigts, vous la plieriez bien et vous la mettriez sous presse.

Si elle avait reçu quelques petites taches apparentes, vous les laveriez, vous feriez sécher l'endroit mouillé au soleil, ou vous y donneriez un coup de

fer chaud à repasser. Si la tache était trop consi-
dérable, vous changeriez la nappe.

Tous les objets du service de table doivent être
rangés dans l'armoire accoutumée, toujours à la
même place, avec un ordre toujours le même, afin
que lorsque reviendra le moment de mettre le couvert vous n'ayez rien à chercher.

Le couvert entièrement levé, vous essuyez ou
frottez la table, que selon l'habitude de la maison,
vous laissez ouverte en place ou que vous roulez
fermée contre le mur.

Puis, vous ouvrez les fenêtres pour faire évapo-
rer les diverses odeurs du repas, vous balayez pour
enlever les miettes de pain tombées, vous secouez
le tapis ou la natte, vous rangez toutes les chaises
et vous disposez les fenêtres comme le demande
ou le permet la saison.

Vous prendrez soin de maintenir votre salle à
manger convenablement chaude en hiver et fraîche
en été.

Après chaque repas, le nettoyage de l'argenterie,
des couteaux, des tasses, de la vaisselle et autres
objets vous attend à l'office, ne l'oubliez pas et ne
perdez pas du temps.

Service Extraordinaire.

Nous entendons par *service extraordinaire*
celui qui est relatif aux repas où il y a des invita-
tions nombreuses et aux repas de cérémonie.

Il se fait essentiellement d'après les mêmes règles

que le service ordinaire ; mais pour qu'il soit complet, il a besoin de quelques indications additionnelles que nous allons donner.

Préparatifs. — Ces préparatifs seront proportionnés à l'importance et à la solennité du repas.

S'il s'est écoulé un grand intervalle depuis le dernier repas extraordinaire, vous vous occuperez, quelques jours avant celui que l'on va donner, à nettoyer les objets de luxe qui ne servent pas au service journalier de la table.

Malgré tout le soin que vous aurez mis la dernière fois à les ranger et à les envelopper, la poussière aura sali la porcelaine, les cristaux, et des taches rougeâtres se seront formées sur les pièces d'argenterie.

Vous passerez donc dans l'eau chaude la porcelaine. Vous laverez les cristaux dans de l'eau tiède fortement vinaigrée et blanchie par la dilution d'un peu de craie. Vous ferez tremper les pièces d'argenterie dans une eau tiède légèrement savonneuse, ou bien vous la frotterez au blanc d'Espagne ou au rouge d'Angleterre.

Vous donnerez un coup d'éponge mouillée aux plateaux porte-bouteilles et autres petits meubles de ce genre.

S'il n'y avait qu'un mois ou quinze jours depuis le dernier grand repas, il est probable que ces objets n'auraient besoin que d'être essuyés avec un linge fin et propre. Vous ne feriez cette opération que la veille, mais en examinant toujours si quelques pièces ne demanderaient pas un nettoyage plus à fond.

N'y aurait-il que huit jours que les assiettes n'auraient pas servi, que vous devez les essuyer l'une après l'autre.

La connaissance du nombre des convives et du menu du repas vous indiquera la quantité d'assiettes que vous avez à préparer.

Au reste, si vous craigniez d'en manquer, vous pourriez toujours, pendant le repas, faire laver celles qui ont été salies aux premières entrées, pour les avoir à votre disposition au second service. Mais, dans ce cas, il faut avoir la précaution de les plonger dans l'eau froide dès qu'elles sont lavées.

Vous préparerez aussi vos flambeaux en les nettoyant et les garnissant de bougies et de bobèches.

Dès la veille encore, vous vous occuperez du dessert. Toujours simple et gracieux, il doit avoir une élégance relative au degré de solennité du repas.

Les confitures seront placées dans des compotiers de cristal, les fruits dans des corbeilles à jour, à pied, en porcelaine blanche ou dorée, les fruits secs et les sucreries dans des assiettes dont le fond sera couvert d'un papier fin et richement découpé à jour.

Vous disposerez tous les objets de dessert dans le même ordre où ils doivent paraître sur la table.

Mise du couvert. — Le jour où l'on reçoit, la salle à manger sera nettoyée avec un soin tout particulier.

Rappelez-vous que, pour parer à des retards imprévus, le couvert doit être mis une heure ou deux avant le repas.

Disposez la table de manière que chaque convive puisse avoir une place suffisante, soixante centimètres sont l'espace nécessaire à une personne à table, ce qui donne, comme nous l'avons prescrit plus haut, 40 centimètres entre chaque assiette.

La largeur de la table doit être assez grande pour permettre d'y arranger les différents services.

Une excellente précaution à prendre lorsque vous mettez le couvert, c'est de faire l'essai avec les plats du second service et du dessert en les déposant momentanément aux places qu'ils occuperont étant garnis; vous pourrez ainsi chercher à loisir la meilleure disposition, la retenir et la reproduire sans embarras au moment opportun.

Tous les objets qui paraissent sur la table doivent concourir à sa décoration. Il faut qu'ils soient convenablement espacés.

Aux grands repas de cérémonie, il est d'usage d'écrire sur une carte le nom de chaque convive. Vous déposerez ces cartes sur chaque couvert à la place qui vous sera indiquée.

Service de la table. — Un repas de dix personnes peut bien être servi par un seul domestique, qui a l'habitude du service; il lui faut cependant beaucoup d'attention.

Au dessus de dix, le nombre des convives demande un nombre additionnel et proportionnel de domestiques : deux domestiques pour quinze convives, trois pour vingt, et ainsi de suite.

Quel que soit le nombre des domestiques autour d'une table, la direction générale en sera confiée à un seul; les autres manœuvreront sous lui.

Ce domestique principal doit avoir présidé aux préparatifs et à la mise du couvert, afin qu'il sache où se trouvent les objets nécessaires au service.

Il fera une inspection minutieuse de la table et de la salle à manger, examinant si rien ne manque, si tout est à sa place.

Il préviendra ses camarades de ce qu'ils auront à faire, leur indiquera leur place, le côté de la table ou le nombre de personnes qu'ils auront plus spécialement à servir.

Son poste à lui sera derrière le maître ou la maîtresse de la maison ; de là il surveillera tout.

Chaque domestique, bien qu'un rôle particulier lui ait été désigné, doit prêter son concours pour que tout se fasse avec régularité et ponctualité.

Le domestique qui aura accompagné son maître à un grand repas, se placera derrière lui et se chargera du soin exclusif de le servir; mais si le nombre des autres domestiques était insuffisant pour la bonne exécution du service, il devrait leur prêter son aide.

Le vin de madère, le vin de champagne, et tous les vins d'entremets seront servis par le principal domestique, qui les offrira *à droite*.

C'est lui aussi qui découpera sur la table de service les différentes pièces après qu'elles auront figuré en entier sur la table à manger.

Il les présentera ensuite successivement à chaque convive, *à gauche*, en nommant le mets.

Si deux plats sont passés à la fois, ce qui arrive lorsque les convives sont nombreux, le service doit se faire de telle manière, qu'un domestique marche d'un côté de la table, et l'autre en sens inverse. Ils devront s'entendre pour que, en passant les mets, ils n'offrent jamais deux fois à un même convive, et surtout qu'ils n'en oublient aucun.

C'est le premier domestique qui va au salon annoncer le service.

On ne peut s'acquitter convenablement du service dans les repas d'invitation ou de cérémonie, si on ne possède pas les principes que nous avons exposés pour le service ordinaire. Nous engageons donc de nouveau et fortement les domestiques à les étudier et à les mettre chaque jour en pratique ; ils seront moins embarrassés dans les grandes occasions.

Services divers.

Le *système français*, que nous venons d'exposer dans tous ses détails, est la base de tout service. Dans beaucoup de maisons on lui fait subir des modifications qui, tout en le simplifiant, ne manquent pas d'élégance.

Ainsi, on voit des tables où le service est mixte, le dessert y paraît dès le commencement, et le pre-

mier service y est remplacé par le second, comme
à l'ordinaire ; des tables où le premier et le second
service sont mis ensemble. Le potage ne paraît pas
sur la table. Le dessert est servi séparément.

Nous ne parlerons pas de ces tables où les plats
ne paraissent que les uns après les autres. Le domestique n'a alors aucune disposition générale à
adopter ; mais il a toujours les autres règles du
service à observer.

Dans le service *à la russe*, assez souvent pratiqué de nos jours, la table est ornée de corbeilles de
fleurs ; elle est couverte, dès la mise du couvert,
par les hors-d'œuvre et le dessert complet.

Aucun plat ne paraissant sur la table, il est
nécessaire de distribuer des cartes du menu ; on
en place une pour deux convives.

Les mets sont découpés sur la table de service et
passés à mesure qu'ils arrivent de la cuisine.

Tout le reste a lieu comme dans les repas à deux
services. Mais quelquefois, au lieu de passer les
plats aux convives, les mets leur sont distribués en
particulier à chacun, sur des assiettes servies.

Ce dernier procédé, pour ne pas être trop lent,
demande quelques aides de plus.

CHAPITRE SEPTIÈME

ART DE DÉCOUPER.

Nous n'insisterons pas sur la nécessité pour un domestique de savoir découper les viandes à table. Sans cette connaissance, son service serait incomplet et il lui serait difficile de trouver une place dans beaucoup de maisons.

Il est donc important pour lui d'acquérir un certain degré d'habileté dans cet art, dont nous allons donner les règles, et qui, après tout, n'exige que de la pratique.

Sans un bon couteau, il vous sera impossible de rien présenter qui ait bonne mine. Vous aurez donc un couteau à découper de première qualité, bien affilé, avec une lame large et mince. Pour attaquer les joints, vous vous servirez d'un couteau ordinaire, à forte lame. La fourchette à découper aura deux ou trois dents.

Bœuf.

Bouilli. — Rien n'est plus désagréable à servir qu'une tranche de bœuf bouilli émiettée. Pour éviter ce désagrément, vous reconnaîtrez d'abord le fil de la viande, et vous la couperez en travers, en tranches un peu minces, en ayant soin que chacune soit couronnée d'une petite portion de gras. Vous commencerez par en séparer les os et les nerfs.

Bœuf à la mode. — Le bœuf à la mode doit être toujours lardé selon le fil de la viande ; vous le couperez donc de manière que chaque morceau offre des lardons en travers.

Poitrine. — La poitrine se découpe en tranches marquées par la séparation des os, et chaque morceau sera accompagné de l'os qui lui appartient.

Filet et langue. — Ces deux parties se découpent en travers, en tranches un peu épaisses et égales. Pour la langue, les tranches se coupent d'abord dans la partie la plus charnue.

Aloyau. — On distingue dans l'aloyau le filet et le morceau des clercs. Vous détachez d'abord le filet, que vous découpez par tranches transversales ; puis vous coupez le morceau des clercs, qui est la partie charnue du dehors, en tranches assez fortes, dans la direction que vous voulez.

Veau.

Carré de veau. — Le carré de veau comprend les côtes, le filet et le rognon. Vous commencez par détacher le filet et le rognon, que vous divisez par tranches; ensuite vous découpez les côtes en les séparant les unes des autres, et à chacune il doit rester assez de chair.

Pour rendre cette opération plus facile, vous aurez soin de faire donner à la boucherie ou à la cuisine un coup de couperet à chaque jointure.

Si les côtes étaient couvertes de beaucoup de chair, vous enlèveriez celle-ci en la coupant en travers, et vous diviseriez ensuite les côtes.

Longe de veau. — Si le rognon accompagne la longe, vous l'en détachez d'abord et vous le découpez en petites tranches. Vous découpez ensuite la partie charnue de la longe en morceaux pris soit en travers, soit dans la direction des os.

Noix, fricandeaux. — Quant à la noix, aux rouelles, aux fricandeaux, aux ris de veau, tous ces morceaux doivent être assez tendres pour que vous puissiez les diviser avec la cuiller seulement et sans le secours du couteau, à moins que le filet ne soit servi avec le fricandeau. Dans ce cas, vous le coupez en tranches minces.

Foie de veau. — Le foie de veau est très-facile à diviser; mais vous ferez attention que les lardons, dont on le pique, soient coupés en travers.

Tête de veau. — La tête de veau doit être divisée avec méthode. Si elle n'est pas entièrement désossée, vous fendez la peau du front de manière à voir l'os à nu, vous introduisez alors la pointe du couteau au centre, et, en la tournant un peu, vous écartez les os, qui permettent ainsi de retirer la cervelle avec une cuiller; vous coupez ensuite les bajoues, les tempes et les oreilles; avec la pointe du couteau vous détachez les yeux de leur orbite par un mouvement circulaire, puis vous coupez la langue et vous terminez par la mâchoire inférieure.

La tête de veau doit être découpée promptement pour qu'elle ne se refroidisse pas.

Il faut, si c'est possible, que chaque convive ait une petite portion des yeux et de la cervelle.

Mouton.

Gigot. — La manière de découper le gigot contribue singulièrement à sa délicatesse.

Vous prenez le manche du gigot de la main gauche, vous enlevez d'un seul coup la partie charnue du manche, qu'on appelle *souris*, et vous coupez des tranches minces et obliques dans la noix en allant jusqu'à l'os. Arrivé là, vous glissez la lame du couteau horizontalement sur l'os et sous les tranches, qui tombent ainsi d'un seul coup.

Si vous devez servir la *sous-noix*, vous retournez le gigot en le tenant toujours de la main gauche, et vous coupez, comme la noix, par tranches minces et obliques.

Il est une autre manière de découper le gigot, dite *à l'anglaise*. Vous le tenez de la main gauche et appuyé sur le côté plat, vous enlevez la souris A, puis vous coupez la noix horizontalement et par tranches minces. Vous retournez le gigot, et vous découpez la sous-noix de la même manière horizontale que la noix.

Epaule. — L'épaule de mouton se découpe de la même manière que le gigot.

Carré. — Pour découper le carré de mouton, vous passez le couteau entre chacune des vertèbres, et vous prolongez en haut et en bas l'incision, de manière à pouvoir servir soit une découverte, soit une partie du filet ou côte couverte.

Selle. — La manière la plus usitée pour découper la selle de mouton, consiste à enlever de fines tranches le long et de chaque côté de l'os. Quelquefois on la découpe obliquement.

Agneau et Chevreau.

Gigot et Epaule. — Vous découperez le gigot et l'épaule d'agneau absolument de la même manière que le gigot et l'épaule de mouton.

Quartier. — Le quartier d'agneau se compose de toutes les côtes de la partie postérieure et des deux gigots.

Pour le découper, vous le divisez en deux parties égales, en coupant depuis l'extrémité antérieure jusqu'à la queue, et pour cela vous passez le couteau entre la jonction des côtes, dans l'épine du dos. Le quartier étant ainsi coupé dans sa longueur, vous le divisez par morceaux d'une côtelette ou

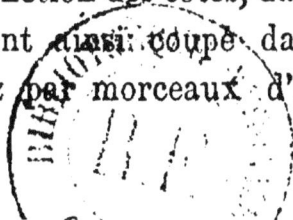

de deux cotelettes, suivant le nombre des convives. Vous séparez ensuite les gigots et vous les découpez d'après la méthode indiquée.

Pour le quartier de devant, qui se compose des côtes de la partie antérieure et des deux épaules, l'opération est la même.

Ce que nous venons d'enseigner pour la dissection de l'agneau convient également à celle du chevreau.

Cochon.

Echinée. — L'échinée du cochon se découpe comme le carré de veau.

Jambon. — Le jambon se découpe toujours de la même manière. Voici comment il faut procéder : Vous soulevez d'abord la couenne jusqu'à moitié de l'épaisseur de la pièce. Cela fait, vous tenez le jambon de la main gauche et vous coupez dans la partie découverte des tranches perpendiculaires, en commençant par l'extrémité opposée au manche, vous n'enfoncez le couteau que jusqu'au milieu de l'épaisseur, en ayant soin de ne pas entamer le morceau de couenne qui pend ; ensuite vous détachez les tranches en dirigeant le couteau par dessous et horizontalement. Ces tranches ainsi coupées ont tout à la fois du gras et du maigre. Si le nombre des convives ne demande pas que vous alliez plus loin, et le jambon étant une assez grosse pièce pour paraître plusieurs fois sur la table, vous aurez le soin, quand le service sera fini, de rapprocher de l'endroit où vous avez cessé de couper, la première tranche mise en réserve, et vous couvrez le tout avec la couenne qui le maintiendra frais.

Hure. — La hure de cochon ou de sanglier se sert en entier et désossée. Vous la coupez en travers par tranches prises dans toute l'épaisseur, en commençant au dessus des défenses et en remontant.

Cochon de lait. — Le cochon de lait doit être mangé brûlant et la peau craquante; c'est là tout son mérite. Dès qu'il est sur la table, commencez par séparer la tête du tronc, enlevez la peau du dos, puis celle des flancs, des cuisses et du ventre en la coupant en carré; à cette peau ayez le soin de laisser un peu de chair. Attaquez enfin les côtes, qui trouvent quelquefois des amateurs.

Lièvre et Lapin.

Ces deux gibiers se découpent de la même manière. Séparez la tête du tronc, puis enlevez le râble. Pour cela, vous filez le couteau, depuis l'extrémité antérieure jusqu'au croupion, de chaque côté de l'épine dorsale, et ensuite vous coulez la lame depuis la convexité des côtes jusqu'à l'épine du dos, pour bien détacher le râble que vous coupez en tranches. Puis vous divisez les côtes deux à deux; vous levez le morceau du chasseur, qui n'est autre que la queue avec une portion de chair; et enfin vous coupez la partie supérieure et charnue des cuisses.

Les petits levreaux et lapereaux, encore tendres, se découpent tout simplement en travers, sans détacher d'abord le râble, de manière que celui-ci et l'épine dorsale se trouvent réunis et soient servis ensemble.

Poularde, Chapon, Poulet.

Ces trois pièces se découpent de la même manière.

Vous levez successivement les quatre membres, en commençant par la cuisse et l'aile du même côté, nettement et sans déchirure.

Pour enlever la cuisse, vous plantez d'abord la fourchette à découper dans la partie charnue, obliquement et dans le sens de la longueur, de manière que le manche de la fourchette touche presque la jambe; puis, avec le couteau, vous faites le tour de la cuisse que vous détachez jusqu'à la noix. En ce moment, vous imprimez à votre poignet gauche un petit mouvement de rotation, la noix de la cuisse sort de son emboîtement et un dernier coup de couteau achève de la séparer. Si cette dislocation offrait trop de résistance, vous auriez plus de force pour l'opérer en saisissant à la fois de la main gauche la jambe et le manche de la fourchette.

Pour enlever l'aile, vous plantez la fourchette en dessus de l'os, et, avec le couteau, vous séparez la jointure que l'expérience vous apprendra à trouver du premier coup. La jointure une fois ouverte, vous soulevez un peu de la main gauche, et, si la pièce est tendre et cuite, l'aile se détachera facilement, sinon vous l'aidez avec le tranchant du couteau.

Vous faites la même opération pour enlever la cuisse et l'aile de l'autre côté. Puis vous levez les sot-l'y-laisse et les blancs; vous rompez le croupion en le séparant de la carcasse, que vous coupez en plusieurs morceaux.

Quant aux cuisses, vous les laissez entières si elles appartiennent à des poulets nouveaux, ou bien vous les divisez en deux ou trois morceaux, selon leur grosseur. Les blancs restent toujours entiers.

Vous disposez les morceaux, dans le plat, de manière qu'on puisse les voir tous.

Il y a une autre manière de découper une volaille, elle consiste à enlever toute la chair par tranches ou aiguillettes plus ou moins grande, sans détacher les os, ainsi que nous allons le montrer pour le canard. Mais cette méthode est moins usitée et demande une main plus habile et plus exercée.

Oie, Canard.

Pour découper une oie ou un canard, vous commencez par enlever de six à huit filets ou aiguillettes en long, depuis la partie supérieure de l'estomac jusqu'au croupion; et si ces premiers morceaux ne suffisent pas, vous enlevez encore des aiguillettes sur les ailes et même sur les cuisses. Ce n'est qu'après avoir fait le plus d'aiguillettes possible que vous détachez les membres, sur lesquels il reste encore un peu de chair.

Le canard se découpe aussi comme le poulet.

Pigeon.

Le pigeon se coupe en deux parties, dans le sens de la longueur, ou bien en quatre parties à chacune desquelles reste un membre.

Dinde.

Vous découpez la dinde, le dindon et le dindonneau de la même manière que la poularde ou le chapon. Toutefois, comme cette pièce est très-grosse, si on ne voulait employer que le devant, vous dégageriez alors un peu les cuisses avec le couteau à découper; puis, d'un coup de couteau bien appliqué, vous rompriez le dos, au dessus des cuisses, que vous enlèveriez avec le croupion auquel elles adhèrent et avec lequel elles forment capuchon ou mitre.

Faisan, Perdrix, Bécasse.

Ces trois pièces se découpent ordinairement comme le poulet.

On peut cependant enlever des aiguillettes d'une aile à l'autre sur la poitrine du faisan.

Les blancs ne se détachent pas de la carcasse de la perdrix et de la bécasse.

Les jeunes perdreaux et les bécassines doivent être découpés comme les pigeonneaux.

Poissons.

Pour diviser le poisson, on ne fait point usage du couteau, mais on se sert d'une truelle en argent.

Tous les poissons, lorsqu'ils sont servis entiers et comme grosses pièces, se découpent de la même manière. On trace profondément, avec la truelle, une ligne de la tête à la queue; on coupe cette ligne par d'autres lignes transversales qui vont jusqu'aux barbes, et on lève avec la truelle les morceaux formés par ces lignes.

Lorsqu'un côté du poisson est servi, on le retourne proprement et l'on procède pour le second côté comme pour le premier.

Si le poisson était plat et de grande dimension, on tracerait de chaque côté de la première ligne longitudinale d'autres lignes parallèles, sans préjudice des lignes transversales.

Sur le *brochet*, la ligne longitudinale doit s'arrêter à deux doigts de la naissance de la queue.

Les *huîtres* ne doivent être ouvertes qu'au moment de les servir et sans qu'elles soient détachées de la coquille inférieure.

Le *homard* se sert ouvert dans toute sa longueur et coupé en morceaux, transversalement dans sa coquille ou cuirasse qui ne doit pas être brisée.

CHAPITRE HUITIÈME

SOIRÉES.

Une fois que vous connaissez les jours de réception dans la maison où vous êtes, ces jours-là, vous disposez le salon en conséquence.

Vous y apportez des siéges en nombre suffisant. Vous préparez les flambeaux, les tables de jeu; vous vous approvisionnez de cartes à jouer, de jetons, de fiches.

Vous avez soin de tenir prêts les mets, les patisseries, les boissons qui doivent être servis pendant la soirée.

Lorsque le monde est arrivé et au premier signe, vous donnez les tables à jeu, en prenant garde de ne heurter, de ne froisser personne, vous les ouvrez, vous y mettez dessus les flambeaux, la boîte du jeu choisi, et vous approchez les siéges nécessaires, selon le nombre des joueurs.

Vous arrangez l'éclairage de manière qu'il puisse

durer sans interruption pendant toute la soirée; au reste, vous le surveillerez.

Dans les petites réunions, il est assez d'usage que la maîtresse de la maison fasse elle-même *le thé*.

Vous placez d'abord devant elle la fontaine d'eau bouillante et, à coté, la boîte à thé et la théière.

Puis vous allez chercher sur un plateau, assez grand pour les contenir, les tasses avec leurs soucoupes et les petites cuillers, le sucrier, un bol vide et le pot à crême qui doit être froide. Vous le posez sur la table et, à côté, vous placez les assiettes de gâteaux ou pâtisseries.

Vous vous retirez alors, à moins que vous ne deviez vous-même distribuer les tasses garnies par la maîtresse.

Dans ce cas, vous présentez à chaque personne la tasse sur un plateau, et l'assiette de gâteaux sur une autre.

Une fois que tout le monde est servi, vous faites attention aux personnes qui ont déjà pris leur thé, vous allez recevoir leurs tasses vides sur le petit plateau, et vous les rapportez sur le grand.

Dans les réunions nombreuses, cette manière de servir serait trop lente. Alors, vous vous faites aider par un ou plusieurs camarades.

Le thé est fait lorsque vous l'apportez au salon. Un aide donne les tasses; vous, vous venez après lui, avec la théière de la main droite, un petit plateau portant sucrier et crême de la main gauche, et vous servez chaque personne. Un autre aide, ou bien celui qui a déjà donné les tasses vides, vous suit avec un plateau sur lequel sont les assiettes de gâteaux et une théière emplie d'eau bouillante, pour les personnes qui trouveraient le thé trop fort.

Il faut, dans ces occasions, avoir du thé fait en quantité suffisante pour ne pas faire attendre.

Ce serait plus expéditif si plusieurs domestiques apportaient au salon, sur de grands plateaux, les tasses emplies de thé; on n'aurait alors qu'à les distribuer et à passer le sucrier, la crème et les gâteaux.

Veillez toujours à débarrasser promptement de leurs tasses les personnes qui ont déjà pris leur thé.

Le *chocolat* se fait nécessairement à la cuisine. Vous le servez comme le thé. La crème doit être chaude. Lorsqu'il a été distribué et pris, vous passez un plateau avec des verres, des vins d'entremets et une carafe d'eau.

Quand on veut servir de l'*eau sucrée*, il vaut mieux employer le sirop de sucre que le sucre en nature, qui est toujours lent à se fondre.

Le sirop de sucre se prépare tout simplement en faisant fondre une certaine quantité de sucre dans de l'eau, de manière à obtenir un sirop épais.

Les *sirops* se servent dans des verres à pied. On en met deux petites cuillerées dans chaque verre, que l'on emplit ensuite d'eau aux trois quarts. On verse d'un peu haut pour bien opérer le mélange.

Si, en remplissant les verres, vous aviez mouillé le plateau, essuyez-le tout de suite, ainsi que les verres, sans cela, les personnes que vous serviriez courraient risque de se tacher.

Le *punch* se présente bien chaud, sur des plateaux, dans des verres à pied, remplis aux trois quarts. Pour que la chaleur ne fasse pas casser les verres, il faut avoir soin d'y verser le liquide non bouillant et lentement.

Les *mousses* se servent, le plus froid possible, dans des verres à sorbets, larges, à pied ou à anses.

La *glace* que l'on sert, en été, doit être divisée en petits morceaux, au moyen d'un poinçon et d'un marteau, et placée sur une soucoupe.

Nous recommandons encore une fois d'avoir soin qu'un plateau suive de près les distributions de liquide, pour reprendre les verres ou les tasses vides, qui ne sont plus qu'un embarras.

Toutes les fois qu'on présentera un plateau, on le tiendra assez bas pour que la personne que l'on sert puisse y atteindre facilement.

Pendant le service des soirées, vous ferez le moins de bruit possible; vous éviterez surtout de froisser les robes et d'y mettre le pied dessus.

Quand vous n'êtes pas dans le salon, tenez-vous toujours à portée pour entendre la sonnette, et présentez-vous au premier signal.

Les distributions se font dans un temps proportionné aux besoins que l'on suppose aux invités. Dans une soirée ordinaire, un thé avec pâtisseries est servi aux deux tiers de la longueur de la soirée.

Les glaces, les mousses se servent en deux parties, une moitié vers le premier tiers de la soirée, et l'autre moitié une heure après au plus, selon sa durée présumée.

Le punch est servi à partir du milieu de la soirée et, selon sa longueur, on en fera deux ou trois distributions.

Les pâtisseries sans thé sont offertes vers la fin de la soirée.

Si la soirée se prolonge dans la nuit et qu'il n'y ait pas de souper, il y aura une *collation* servie dans la salle à manger ou dans une pièce voisine du salon.

Cette collation peut être :

Un thé ordinaire. — Alors vous placez le cabaret à thé au centre de la table avec sucre et crême; et, autour du cabaret, vous posez des rôties avec du beurre ou des tranches de jambon, des petits gâteaux et des fruits de la saison.

Un thé de cérémonie. — Alors vous placez sur la table une pièce centrale, deux pièces de bouts, deux pièces de flancs, et, dans les vides, des entremets, en quantité proportionnée au nombre des convives.

Vous commencez par servir les deux pièces de bouts; puis, quand les entremets sont distribués, vous enlevez les restes, ainsi que ceux de la pièce du centre et des deux pièces de bouts; vous reculez aux bouts de la table les deux pièces de flancs qui se mangent avec le thé, vous placez le cabaret à thé au milieu, et, tout autour, le dessert, composé de fruits, petits-fours et sucreries.

Le thé se prend avant ou après la collation, selon le degré de cérémonie. Si c'est avant, le cabaret tient lieu, alors, de pièce centrale.

Un punch ordinaire. — Placez au centre de la table, sur un large plateau, un grand bol de punch enflammé, que le maître de la maison agitera et servira avec une cuiller à punch. Autour du bol et sur le plateau, si c'est possible, se dresseront des verres à pied, en nombre égal à celui des convives; sur le reste de la table, seront rangés des assiettes de pâtisseries, de sucreries, et autre dessert.

Un punch de cérémonie. — Le menu étant analogue à celui d'un thé de cérémonie, la disposition et le service seront les mêmes. Vers la fin de la collation vous mettrez à la place de la pièce centrale un plateau chargé de verres à punch, remplis et fumants.

Un ambigu, repas à un service, où tout se sert à la fois. Les grosses pièces se placent sur les bouts et sur les côtés de la table, les fruits et les assiettes de dessert au milieu. C'est l'ambigu de cérémonie.

Dans un autre cas, vous pouvez renverser cette disposition et mettre au milieu ce qui est sur le pourtour de la table.

Le service de ces différentes collations se fait d'après les règles que nous avons exposées pour les repas.

CHAPITRE NEUVIÈME

ÉTRANGERS.

Hôtes. — Lorsque des étrangers, parents ou amis, recevront l'hospitalité dans la maison où vous êtes, vous leur ferez toujours un bon accueil.

Ce bon accueil consiste dans des manières prévenantes, des égards délicats et un empressement raisonnable à les servir.

Il n'y aurait point d'excuses pour une humeur revêche, pour des réponses sèches, pour des négligences volontaires, seraient-elles inspirées par l'attachement à vos maîtres, dont vous croiriez voir les habitudes, les intérêts et le repos, souffrir des atteintes dans cette hospitalité.

A l'arrivée d'un étranger, s'il a un paquet ou un sac de nuit à la main, vous l'en débarrassez aussitôt et, après avoir reçu les ordres de vos maîtres, vous le lui montez dans la chambre qui lui est destinée.

L'hôte a-t-il laissé une malle au bureau de la diligence ou un colis à la station du chemin de fer, vous allez l'y chercher, si votre sexe ou vos forces vous le permettent. En tout cas, vous prendrez toujours vos mesures pour que l'hôte en soit mis le plus tôt possible en possession.

Si votre maître vous en laisse le soin, vous conduirez l'étranger à sa chambre, qui doit être bien propre, avoir de l'eau fraîche, des serviettes, et tout ce qui est nécessaire à la toilette.

Il devrait y avoir aussi un plateau avec carafe, verre, petite cuiller et sucrier.

Vous lui montrerez les tiroirs des meubles, les porte-manteaux, les armoires, les cabinets d'aisance.

Vous vous offrirez pour l'aider à arranger ses effets.

Vous lui demanderez l'heure à laquelle il désire que vous rentriez chez lui le matin, et vous serez exact à vous y rendre.

Vous aurez soin de sa chambre, de ses habits et de ses bottes ou souliers, comme de ceux de votre maître.

Si l'hôte est une dame, la femme de chambre ou la domestique fera son service particulier comme celui de sa maîtresse.

Le service de l'étranger ne doit nuire en rien à votre service habituel; vous vous arrangerez de manière que tous les deux soient remplis parfaitement.

A table, vous commencerez par servir l'étranger.

Les commissions qu'il vous donnera, vous les ferez promptement et avec la plus grande exactitude. Au retour, vous vous hâterez de lui en rendre compte.

Si, pendant son séjour, l'étranger a besoin de faire blanchir son linge, vous prendrez note de celui qu'il vous donnera, et, soit dans la maison, soit à l'extérieur, vous ferez en sorte qu'il lui soit rendu bientôt et bien propre.

Lorsque l'hôte devra partir, vous vous offrirez pour lui aider ou pour faire vous-même sa malle ou son paquet. Vous la porterez ou ferez porter à la diligence ou à la station.

Si vous recevez une gratification que vous deviez partager avec les autres domestiques, vous ne tarderez pas de le faire avec la plus scrupuleuse équité.

Visites et réceptions. — A l'heure des visites, qui peuvent commencer à peu près vers midi, vous serez vêtu proprement.

Dès le matin, vous aurez demandé à vos maîtres s'ils veulent ou ne veulent pas recevoir : *Monsieur sera-t-il chez lui aujourd'hui? Madame sera-t-elle chez elle aujourd'hui?*

Ces questions seraient inutiles dans les maisons où les jours de visites sont fixés et en dehors desquels il n'y a que quelques amis intimes qui soient reçus. Vous n'oublierez pas ces jours-là et vous connaîtrez ces amis.

Si vous êtes chargé de ne pas recevoir, vous répondez poliment et sans hésitation : *Monsieur n'est pas chez lui; Madame n'est pas chez elle.*

Dans ce cas, vous écoutez avec attention ce que le visiteur aurait à dire, vous recevez sa carte, s'il en laisse une ; et, quand il se retire, vous fermez doucement la porte après lui.

Si, au contraire, vous avez reçu ordre d'introduire, vous répondez affirmativement.

Dans l'antichambre ou dans le vestibule, si l'usage d'annoncer est adopté dans la maison et que le nom de la personne vous soit inconnu, vous le lui demandez en disant : *Quel est le nom de Monsieur ou de Madame?* ou mieux : *Monsieur voudrait-il me dire son nom? Madame voudrait-elle me dire son nom?*

En même temps, vous recevez de la personne son manteau, que vous suspendez, sa canne, son parapluie que vous placez.

Lorsqu'elle est prête, vous ouvrez la porte du salon, et, au moment où vous l'avez ouverte, vous prononcez distinctement le nom de la personne, que vous laissez passer devant vous, en vous effaçant à côté ; puis, vous fermez doucement la porte.

Si la personne a un titre de noblesse, de dignité ou de fonction, vous n'oublierez pas d'en accompagner son nom. Ce nom, vous prendrez garde de ne pas l'estropier en le prononçant. Si vous n'étiez pas certain de l'avoir bien entendu, vous demanderiez respectueusement qu'on voulût bien vous le répéter avant de l'annoncer.

Il pourrait arriver qu'au moment de la visite, votre maître ou votre maîtresse ne se trouvât pas au salon, faites-y attention, ce serait alors ridicule d'annoncer. Mais introduisez la personne, avancez-lui un fauteuil, ranimez le feu, donnez du jour si l'appartement est obscur, et priez d'attendre : *Monsieur* ou *Madame*, direz-vous, *voudra bien attendre un peu; je vais avertir Monsieur ou Madame.* Et vous allez effectivement tout de suite chercher votre maître ou votre maîtresse en disant : *Monsieur tel ou Madame telle est au salon.*

Pendant la visite, si l'usage de la maison n'est pas que vous restiez dans l'antichambre, tenez-vous toujours à portée d'entendre la sonnette.

Qu'on vous ait sonné ou non, tâchez d'être dans l'antichambre ou le vestibule au moment où le visiteur se retire, présentez-lui les objets qu'il y a déposés, et offrez-lui respectueusement votre aide.

Ouvrez la porte devant lui, et, s'il est conduit par l'un ou l'autre de vos maîtres, attendez, la main sur la poignée, que les derniers adieux soient finis avant de la fermer.

Ne fermez la porte d'entrée que lorsque la personne est éloignée ou n'est plus en vue, et faites-le toujours doucement.

Après que la personne est sortie, et si vous avez le temps entre les visites qui se succèdent, entrez dans la pièce où l'on a reçu, rangez les siéges, remettez les coussins en place, enlevez, avec le petit

balai à foyer, la poussière, la boue dont les chaussures pourraient avoir souillé le parquet.

Les jours où une *soirée* réunit du monde dans la
maison, vous agirez d'après les mêmes principes
que nous venons d'exposer.

Dès les premières visites, vous vous tiendrez
constamment dans l'antichambre, et pour cela vous
placerez, si vous le pouvez, un camarade à la porte
d'entrée.

Ces jours là, vous mettrez encore plus d'attention
à bien prendre les noms et à les bien prononcer.
Les transformations bizarres que vous en feriez,
pourraient, en excitant la risée involontaire de la
réunion, blesser la susceptibilité des arrivants.

Vous éviteriez cet inconvénient si vous aviez
soin, le matin, de demander à vos maîtres la liste
des personnes que l'on attend ; vous la liriez plusieurs fois dans la journée, et, familiarisés ainsi
avec les noms, vous les comprendriez mieux le soir
et vous les prononceriez avec plus d'exactitude.

Lorsque plusieurs personnes arrivent à la fois,
prenez bien garde de les annoncer dans l'ordre où
elles entrent au salon, et n'en oubliez aucune, seraient-elles de la même famille.

Dans certaines maisons, on ouvre les portes à
deux battants, devant un personnage titré, un haut
fonctionnaire. Si vous en avez reçu l'ordre de vos
maîtres, faites-le simplement, sans fracas, sans
affectation.

Si des domestiques ont accompagné leurs maîtres à la soirée, vous pouvez en retenir un avec vous, dans l'antichambre, pour vous aider. Aux autres, vous indiquerez un endroit où ils se tiendront, et d'où vous les appellerez lorsque leurs maîtres sortiront.

Vous aurez soin de ranger en ordre et sans qu'ils se froissent les objets déposés dans l'antichambre, le vestibule ou une pièce voisine, vous les placerez en vue, le plus possible, afin qu'à leur sortie les personnes puissent retrouver les leurs sans chercher trop longtemps.

Si, pendant la soirée, vous devez distribuer des rafraîchissements, servir un thé, un punch, une collation, vous vous en rapporterez aux indications données au chapitre des soirées.

Clients. — Si vous servez chez un médecin, un homme de loi ou autre, vous serez poli envers les clients qui viennent le voir.

D'ordinaire, le cabinet de Monsieur est précédé d'une pièce d'attente, c'est là que vous introduirez les clients.

Si votre maître est seul et que l'heure où il reçoit soit arrivée, vous ouvrez la porte de son cabinet et vous faites entrer le client. Sinon, vous faites asseoir ce dernier et le priez d'attendre son tour.

La pièce d'attente sera toujours proprement tenue. Pendant l'hiver, vous veillerez à ce que le feu ne s'éteigne pas, et, pendant l'été, vous disposerez les persiennes de manière que, avec un jour suffisant, la chaleur ne pénètre point trop.

Si votre maître n'était pas chez lui, vous indiqueriez avec complaisance au client l'heure à laquelle il pourrait revenir.

Porte d'entrée. — C'est à la porte d'entrée que l'on doit savoir si le maître ou la maîtresse de la maison sont chez eux.

Vous mettrez toute la diligence possible pour ne point faire attendre à la porte d'entrée.

Chaque fois qu'on vous y remettra une lettre, un paquet, vous regarderez sur l'adresse, avant que le porteur soit parti, si la destination de l'objet est bien pour la maison.

Dès que vous les aurez reçus, vous porterez à vos maîtres les lettres, les paquets, et si le porteur devait attendre une réponse, vous le feriez asseoir dans l'antichambre.

Pendant l'absence de vos maîtres, vous placerez en vue et ensemble tout ce que vous recevrez à leur adresse, paquets, lettres, journaux, cartes de visite, et vous le leur remettrez dès leur retour.

A la porte d'entrée, soyez poli envers tout le monde; mais envers les pauvres, soyez charitable et conformez-vous en cela aux intentions de vos maîtres.

CHAPITRE DIXIÈME

SERVICE A L'EXTÉRIEUR.

Commissions. — Lorsque vos maîtres vous envoient faire une commission, la principale chose pour vous, c'est de bien comprendre la nature, l'objet de cette commission; et pour cela, écoutez avec attention lorsqu'on vous la donne.

Si les indications que vos maîtres vous donnent à ce sujet, ne vous suffisaient pas, vous devriez en demander d'autres respectueusement et sans timidité.

Quand vos maîtres ont eu la complaisance de vous indiquer la manière, l'ordre, le chemin que vous devez suivre pour faire plus facilement leurs commissions, vous vous y conformerez avec la plus grande exactitude.

En sortant de la maison, vous irez tout droit vous acquitter de la commission dont vous êtes chargé, sans vous arrêter à causer en chemin avec un camarade, une amie, sans vous détourner non plus pour quelque affaire qui vous concernerait.

Vous retournerez promptement et, en arrivant dans la maison, vous irez tout de suite rendre compte de la commission à vos maîtres.

Si vous aviez quelque course à faire pour vous, plutôt que de causer de vous-même le moindre retard à la commission, il vaudrait mieux, en avertir vos maîtres qui, ce jour là ou un autre jour, vous accorderaient tout le temps dont vous avez besoin.

Quand l'objet de la commission sera d'aller dire quelque chose de vive voix à un ami ou à une connaissance de vos maîtres, vous retiendrez bien tout ce que vous avez à dire, et vous vous énoncerez avec respect et politesse, parlant à la troisième personne et donnant le titre s'il y a lieu.

Cette politesse, vous l'observerez à un degré relatif envers toutes les personnes chez lesquelles vous aurez des courses à faire.

Vous ne prendrez jamais des airs hautains et méprisants envers des industriels presque toujours honorables, tels que chapelier, tailleur, couturière, marchande de mode, coiffeur, cordonnier....

Si ces gens là ont mal fait l'ouvrage ou s'ils le font trop attendre, gardez-vous de leur dire des choses impertinentes, mais bornez-vous à leur faire, d'un ton plus ou moins sérieux, des reproches sur leur inexactitude et des avertissements indirects sur la perte de la pratique.

Lorsque vos maîtres vous donneront un certain nombre de lettres ou de cartes de visite à porter en ville, vous ferez une liste des adresses ; ces adresses, vous les rangerez autant que possible par quartiers, et, pour vous assurer que vous n'avez omis personne, vous marquerez d'une croix sur votre liste chaque adresse à mesure que vous y laisserez une lettre ou une carte.

Pour vous acquitter sans perte de temps et sans difficulté des commissions, il est nécessaire que vous connaissiez bien la ville où vous résidez.

Les principales rues, les boulevards, les ponts, les grands édifices, les clochers seront des points de reconnaissance qui vous serviront de guide.

Mais vous ne devez pas vous borner à cela, il faut connaître aussi le nom des rues et les quartiers où elles sont situées. Il vous sera facile d'y parvenir en vous procurant et en étudiant, dans vos moments de loisir, le plan de la ville.

Vous remarquerez aussi la disposition des numéros des maisons, et à quel bout de la rue ils commencent.

Cependant, lorsque vous aurez de la peine à trouver votre chemin, au lieu de vous adresser au premier venu, vous demanderez les renseignements dont vous avez besoin dans une boutique ou à un agent de police.

Achats. — Quand vous êtes chargé de faire un achat pour vos maîtres, vous ne devez jamais perdre de vue leurs intérêts.

Pour faire des achats dans des conditions avantageuses, il faut connaître la qualité des objets et être au courant de leur prix. Vous vous en tiendrez donc bien informé.

Vous regarderez comme une économie trompeuse celle d'acheter à vil prix des choses avariées ou d'une qualité très-inférieure.

Pour éviter ce défaut, n'allez pas non plus vous jeter dans l'excès opposé en achetant toujours ce qu'il y a de plus beau et de plus cher.

Dans une maison bien établie, il convient de faire provision de certains objets d'un usage journalier, qui s'améliorent en se conservant, dont l'acquisition partielle causerait de la gêne et qu'il est avantageux d'acheter en gros ou qui coûtent moins cher dans une saison ou dans une autre. Le bois, le vin, le café, la bougie, l'huile, le savon, etc., sont de cette catégorie.

Si donc vos maîtres vous chargent d'acheter ces provisions, pour le moins annuelles, vous y apporterez un soin tout particulier.

Les choses embarrassantes, qui peuvent se détériorer, se gâter même entièrement et qui se trouvent facilement chez tous les épiciers et les fruitiers, ne doivent pas être achetées en provision.

Si la maison où vous êtes a des marchands ou fournisseurs chez lesquels elle se sert habituellement, vous ne les quitterez pas sans le consentement de vos maîtres, auxquels il est de votre devoir d'exposer toujours les plaintes fondées que vous auriez à faire soit sur le prix, soit sur la qualité des marchandises.

N'écoutez pas les marchands qui, pour avoir votre pratique, vous promettraient certaines remises en votre faveur. Cette promesse, souvent illusoire, ne pourrait se réaliser qu'en portant atteinte aux intérêts de vos maîtres et à votre réputation de probité. Vous ne seriez pas moins blamâble que si vous faisiez *danser l'anse du panier*.

Lorsqu'on fait compte chez des fournisseurs que l'on ne paie que tous les mois ou à d'autres époques déterminées, vous ferez écrire sous vos yeux, au moment où on vous la livre, avec la date et le prix, toute fourniture, même la plus petite.

Vous auriez une garantie de plus si vous faisiez écrire en même temps, en double note, sur un cahier qui resterait entre vos mains et qui vous servirait à contrôler la facture générale du fournisseur, lorsqu'il la présenterait pour la faire payer.

C'est une habitude bien économique que celle de payer à mesure que l'on achète. Si vous êtes libre de la suivre, suivez-la.

Dans ce cas, apportez la plus grande attention à tous ces petits payements de détail; sachez et comptez bien la monnaie que vous devez donner et celle que l'on doit vous rendre.

Si vos maîtres vous demandent compte de vos dépenses dès que vous arrivez du marché, la vue des objets que vous apportez vous aidera à le leur rendre.

Si vous ne devez présenter vos dépenses qu'à la fin de la journée ou de la semaine, il est nécessaire que vous ayez un livre réglé sur lequel vous marquez, avec le jour et le prix, tous vos achats, à mesure que vous les faites ou le soir seulement.

Mais, chaque soir, vous ne manquerez pas de faire le total des dépenses de la journée et de vous assurer si ce total et l'argent qui vous reste font ensemble la somme que vous aviez reçue. Si vous aviez oublié de porter en compte quelque chose, votre mémoire pourrait alors réparer plus facilement cette erreur.

A la fin de la semaine, vous additionnerez les totaux particuliers de chaque jour, et vous examinerez également votre balance.

Apportez dans toute reddition de compte la plus scrupuleuse exactitude.

Sorties. — Un domestique homme sera rarement appelé à accompagner ses maîtres lorsqu'ils sortent à pied.

Dans cette circonstance, vous serez toujours proprement et décemment vêtu.

Vous marcherez un peu derrière la personne que vous accompagnez et vous ne la perdrez pas de vue, c'est-à-dire que vous ne regarderez pas curieusement d'un côté et d'autre.

Vous porterez son parapluie, ses paquets ou tout autre objet qui pourrait l'embarrasser.

Vous veillerez à la sureté de sa personne, en fai-sant attention aux accidents auxquels elle pourrait être exposée surtout par les voitures.

Si c'est votre maitresse ou une demoiselle de la maison que vous accompagnez, vous ne répondrez jamais aux personnes qui vous demanderaient son nom, et vous vous souviendrez que votre devoir est de la défendre contre toute insulte.

Quand vous accompagnez vos maîtres en voiture. au moment où ils doivent y monter, vous ouvrez la portière, vous vous retirez un peu de côté; quand tout le monde est entré vous demandez, si on ne l'a déjà dit, où l'on va; vous refermez la portière dou-cement et solidement, en ayant soin de ne pas écra-ser les doigts ni les robes de personne, et vous allez aussitôt indiquer le but de la course au cocher, au-près duquel vous vous asseyez, si votre place ne doit pas être derrière la voiture.

Arrivé au terme, vous allez promptement ouvrir la portière, que vous refermez lorsque tout le monde est descendu.

Si vous accompagnez à une soirée, à un bal, au spectacle, demandez à quelle heure Monsieur ou Madame veut revenir. Gardez, en attendant, le manteau ou le châle de votre maitresse, ne man-quez pas l'heure de la sortie, mettez-vous en évi-dence, rendez le châle, aidez à passer le manteau, et, si vous avez une voiture, allez promptement avertir le cocher pour qu'il s'approche le plus qu'il peut, accompagnez vos maîtres jusqu'à la portière que vous ouvrez et refermez.

C'est *la femme de chambre* ou *la bonne* qui d'ordinaire accompagne en ville la maîtresse où la demoiselle de la maison, lorsqu'elles sortent à pied.

Son habillement n'aura rien qui attire les regards, il sera propre, mais simple. Sa démarche et ses yeux seront modestes.

Elle se tiendra à côté et à la gauche de la personne qu'elle accompagne, ne donnera sur elle aucun des renseignements qu'on pourrait lui demander, veillera à sa sureté et portera tout ce qui l'embarrasserait.

Dans les magasins, elle ne donnera son avis que lorsque sa maitresse le lui demandera.

Elle suivra sa maitresse dans les maisons où celle-ci va faire visite, elle gardera son manteau, son châle, elle l'attendra dans l'antichambre ou ailleurs; et si elle se met en relation avec les domestiques de la maison, elle se comportera de manière à donner une bonne idée de sa retenue et de sa discrétion.

En voiture, elle montera la dernière et descendra la première, ayant soin de ne pas froisser la robe ni salir les souliers de sa maitresse dont elle surveillera les vêtements au moment où celle-ci monte ou descend.

Elle ne se placera sur le siége du fond que lorsqu'on le lui dira, sa place ordinaire est sur le siége dont le dos tourne vers le cocher.

Si elle est obligée de s'asseoir à côté de ce dernier, elle ne tiendra pas conversation avec lui.

Elle ouvrira et refermera la portière s'il n'y a pas de valet de pied, et elle le remplacera en tout ce qui concerne son office.

Voyages. — Si vous êtes averti quelques jours avant le départ, n'attendez pas la dernière heure pour préparer tout ce dont on aura besoin pendant le voyage.

La première chose que vous avez à faire, c'est d'écrire avec réflexion la liste de tout ce que l'on doit emporter, et aussitôt vous vous mettez à réunir dans un même lieu tous les objets à emballer, afin de voir, d'un seul coup d'œil, si vous n'avez rien oublié de ce qui est sur la liste, et de juger, autant que possible, quelle capacité doit avoir l'emballage dont vous devez vous servir.

Le linge et les vêtements doivent être pliés avec soin, très-unis, très tassés, pour éviter tout ballottement; aucune place ne doit rester vide. Les choses les plus lourdes vous les mettrez au fond, les habits au dessus. Emplissez la malle tant que vous le pouvez. Pour que le couvercle, qui doit fermer difficilement, ne chiffonne pas ou ne coupe pas les objets qui sont près du bord supérieur, vous couvrirez le tout d'une serviette que vous ferez entrer dans les bords.

Vous placerez dans une boîte de voyage ou dans une caisse garnie de papier les bonnets, les collerettes, les manches, les robes avec volants empesés, vous les presserez autant que possible sans trop les fouler, et vous mettrez un papier dessus.

Les chapeaux ne peuvent être placés que dans des boîtes spécialement confectionnées pour eux.

Préférez la grande dimension des caisses à leur nombre : moins vous en aurez, moins d'embarras elles vous causeront, et moins aussi vous risquerez d'en oublier ou d'en perdre.

Pour éviter cet inconvénient, prenez par écrit le nombre des caisses, boîtes et paquets que vous emportez, et vérifiez-le toutes les fois que vous changez de séjour ou que les transports publics vous livrent vos bagages. Il serait même bon de mettre à toutes vos malles et caisses une marque commune et visible pour les reconnaître plus facilement et au premier coup d'œil.

Si vos maîtres doivent voyager en voiture, qu'elle soit à eux ou que ce soit une diligence publique, vous prendrez vos mesures pour que toutes les caisses et paquets y soient chargés à l'heure du départ.

Si, au contraire, ils doivent prendre le chemin de fer, vous ferez porter tous les colis à la gare soit par le factage, soit par toute autre voie de transport, et toujours assez tôt pour ne pas manquer le train.

Là, vous demandez à vos maîtres leurs billets de place auxquels vous joignez le vôtre; vous faites peser les bagages tous à la fois, si c'est possible, vous présentez au pesage tous les billets de place, que vous allez retirer au guichet du factage où on vous les rend avec le bulletin des bagages, et où aussi vous payez l'excédant du poids, s'il y en a.

Puis, vous remettez tous ces billets à votre maître ou maîtresse, ne gardant que le vôtre.

A chaque station, à chaque relai où il y a quelques minutes d'arrêt, vous descendez, si vous n'êtes pas dans le même compartiment que vos maîtres, et vous allez voir s'ils n'ont pas besoin de vos services.

Arrivé au lieu où vous devez vous arrêter, vous vous occupez des bagages pour les reconnaître et les faire transporter.

Que vous séjourniez dans un hôtel ou dans une maison particulière, occupez-vous de ce dont vos maîtres pourraient avoir besoin avant de vous occuper de vous-même et d'aller vous reposer.

En voyage, vous devez faire en sorte, par vos soins et votre prévenance, que vos maîtres éprouvent le moins de changement possible dans les habitudes et le confortable de chez eux.

Evitez avec les domestiques étrangers les commérages et les indiscrétions de paroles.

Chaque pays a ses usages, ne prenez pas l'habitude de critiquer et de trouver mauvais ceux qui ne sont pas reçus dans la contrée que vous habitez.

Par votre esprit d'observation, rendez vos voyages instructifs. Quand vous rencontrez quelque bonne coutume ou quelque manière nouvelle de faire une chose, notez-la, apprenez-la et mettez-la en pratique dès que vous en aurez l'occasion.

Déménagement et emballage. — Un déménagement n'est pas plus agréable pour les maîtres que pour les domestiques, vous y travaillerez sans mauvaise humeur.

Dans un déménagement, c'est l'emballage qui demande le plus de soins. Ces soins seront les mêmes que la distance à parcourir soit grande ou petite.

Ce n'est pas en route que les objets souffrent le plus, c'est par les s cousses qu'ils éprouvent dans le chargement et le déchargement des caisses; circonstances qui se produisent inévitablement, que la voiture ait deux ou vingt kilomètres à faire.

Vous commencerez par réunir dans un même lieu tous les objets à emballer et toutes les caisses ou malles d'emballage dont vous pourrez disposer, afin de juger approximativement si les moyens répondent à la fin.

De plus, en ayant ainsi tous les objets sous les yeux, il vous sera facile de trouver sa place à chaque chose, et de faire votre emballage dans de bonnes conditions.

La principale condition d'un bon emballage est qu'il ne puisse y avoir aucun frottement, aucun balottement entre les objets emballés.

Vous arriverez à ce résultat en évitant les vides et en fixant tous les objets emballés assez fortement.

Il faut vous munir de paille, foin, papier coupé, papier gris, papier Joseph, ficelles, rubans de fil, pointes, traverses et coins de bois blanc.

La *vaisselle* s'emballe non à plat, mais de champ. Vous mettez un peu de paille entre chaque assiette et vous garnissez aussi de paille ou de foin les interstices qui se trouvent entre les rangées d'assiettes et les parois de la caisse. Les vases un peu grands, vous les remplissez de paille et, dans cette paille, vous mettez des objets petits et légers. Les couvercles, vous les retournez sur leurs vases et, avec de la paille que vous placez entre deux, vous empêchez qu'ils se touchent.

Les *porcelaines*, les *cristaux*, les *verres à boire* seront entourés, pièce par pièce, d'un peu de paille tordue en corde ou en boudin. Vous placerez à tête-bêche les verres à pied, et les vides seront comblés avec un tampon de paille ou de papier coupé.

Les *bouteilles* pleines doivent s'emballer avec une attention toute particulière. Vous entourez le goulot de chaque bouteille d'une corde de paille ou de foin long; vous les placez ensuite dans la caisse, sur un lit de paille, en faisant alterner les fonds et les goulots, de telle sorte, que chaque fond se trouve très-fortement serré entre deux goulots. Vous couvrez cette première rangée d'un fort lit de paille, pour éviter tout contact avec les rangées supérieures que vous disposez d'après le même procédé. Vous aurez soin que la dernière bouteille de chaque rangée serve de coin, et, si elle ne serrait pas assez, vous y mettriez un bon bouchon de paille. Sur la dernière rangée, vous placerez une épaisse couche de paille afin que le couvercle comprime fortement et empêche tout balottement. Vous écrirez sur la caisse, en gros caractères, *bouteilles pleines*.

Avez-vous une *pendule* à emballer ? vous commencez par enlever le balancier que vous enveloppez de papier de soie; vous démontez le timbre s'il fait une trop forte saillie, et vous l'enveloppez aussi de papier, après avoir eu soin de replacer l'écrou et la rondelle qui le fixaient; vous enveloppez toute la pendule d'un papier fort et d'un linge, et vous la ficelez; enfin vous la placez sur un lit de foin bien fin, dans une caisse particulière ou dans une séparation de caisse que vous avez faite au moyen d'une petite planche de bois, et vous la fixez sur les côtés avec des tampons de papier coupé, de coton, de chanvre ou de foin. Vous traiteriez de même et à part le *globe* de la pendule, si elle en avait un.

Les *glaces*, les *tableaux* s'emballent de la même manière. Vous prenez une caisse plate dont les dimensions dépassent le cadre de cinq centimètres en longueur, en largeur et en épaisseur. Vous garnissez l'intérieur de la caisse d'un papier qui en bouche toutes les fentes. Vous placez la glace ou le tableau dans la caisse, sur un lit de papier coupé ou de foin. Entre chaque angle du cadre et la paroi de la caisse, vous introduisez avec force un coin en bois blanc, qui doit porter non sur le cadre, mais sur un boudin de papier placé entre deux. Puis, vous placez deux traverses vers les extrémités qui

portent sur le cadre, garanti aussi du frottement
par un coussin de papier. Vous fixez s lidement ces
traverses dans la par ;i de la caisse en enfonçant
des pointes du dehors au dedans. Vous couvrez entièrement de papier la glace ou le tableau, et vous
clouez le couvercle. Vous écrivez *haut* sur l'épaisseur d'un des petits côtés de la caisse pour que,
s'il y avait une glace, elle fût placée *sur champ*.

Vous emballerez les fleurs artificielles en les
fixant aux parois de la caisse ou à des rubans ten-
dus en travers.

Les *chapeaux* ne peuvent être convenablement
emballés que dans les boîtes qui leur sont destinées.
Si ces boîtes en carton risquaient d'être exposées à
la pluie, vous auriez soin de les couvrir d'un papier
ciré.

Le *linge* et les *vêtements* seront emballés comme
nous l'avons dit en parlant des préparatifs pour un
voyage.

Lorsque vous aurez des fauteuils ou autres meubles précieux à emballer, vous les envelopperez entièrement avec du papier fixé par de la ficelle.

Vous ferez bien attention, lors du déménagement
et de l'emménagement, de ne pas heurter les meubles contre le mur pour ne pas les endommager.

CHAPITRE ONZIÈME

—

CAVE. — LINGERIE.

Cave. — La grande manutention des vins exige le travail d'ouvriers particuliers ; mais dans beaucoup de maisons un domestique est chargé du service journalier de la cave.

Voici à peu près en quoi il consiste :

A mesure qu'elles seront vidées, vous laverez les bouteilles à deux ou trois eaux. Par ce moyen, elles seront toujours propres lorsqu'on voudra tirer une pièce de vin, et vous éviterez que la lie se dessèche dans leur intérieur.

Il vaut mieux laver les bouteilles avec une chaîne fixée à un bouchon et faite exprès qu'avec du plomb, dont il reste souvent des grains dans le fond de la bouteille.

Si la chaîne ne parvient pas à détacher de la bouteille le dépôt qui s'y est formé, vous faites dissoudre un peu de soude dans de l'eau, à peu près 10 grammes par verre, vous versez cette eau, qui doit être chaude, dans la bouteille, vous agitez et le dépôt se détache à l'instant. Vous avez soin ensuite de bien rincer la bouteille pour qu'il n'y reste pas trace de l'eau de soude.

Si dans la bouteille il y avait un bouchon ou un fragment de bouchon, vous le retireriez au moyen d'une ficelle, dont une extrémité aurait un fort nœud. Vous introduisez ce nœud dans la bouteille, que vous renversez, le bouchon tombe dans le goulot, et vous le faites sortir en tirant vivement la ficelle.

Dès qu'une bouteille est lavée, vous la mettez égoutter sur une planche percée de trous à cet effet, ou bien sur un pied-droit garni de chevilles ascendantes sur lesquelles vous enfilez le goulot.

Les bouchons qui peuvent encore servir seront placés dans un sac, à côté des bouteilles ainsi renversées.

Pour réparer les bouchons qui n'ont pas été entièrement percés par le tire-bouchon et les faire servir une seconde fois, on les fait bouillir dans de l'eau pendant dix ou quinze minutes ; on les en retire et on les fait sécher. Ils ont repris leur forme et leur grosseur primitives.

Lorsque la planche ou le pied-droit sera entièrement garni de bouteilles égouttées, vous les mettrez en pile dans la cave, afin de les avoir sous la main lorsque le moment de tirer le vin arrivera.

Quand vous aurez à mettre du vin en bouteille, il vous sera indispensable de le coller huit ou dix jours à l'avance. Cette opération a pour but de le dégager de la lie et de la partie colorante qui a le plus de disposition à se déposer.

Ce qu'on emploie le plus ordinairement pour la clarification du vin, ce sont des blancs d'œufs pour le vin rouge et la colle de poisson pour le vin blanc.

Huit blancs d'œufs suffisent pour une pièce de 250 litres ; mais cette quantité sera augmentée en proportion de la couleur plus ou moins foncée et du degré d'alcoolisation du vin.

Voici comment on procède :

Vous mettez le tonneau en perce, c'est-à-dire que vous y adaptez un robinet et vous tirez quatre ou cinq litres de vin, afin de faire un vide dans le tonneau.

Vous battez les blancs d'œufs dans un vase, avec demi-litre du vin que vous venez de tirer.

Vous introduisez dans le tonneau, par la bonde, un bâton fendu, à l'aide duquel vous agitez fortement le liquide, en lui imprimant un mouvement circulaire.

Vous retirez le bâton et versez avec un entonnoir les blancs d'œufs battus.

Vous agitez de nouveau le liquide avec le même bâton, vous remplissez la pièce avec le vin que vous en avez tiré, vous la frappez avec une batte pour faire dégager toutes les bulles d'air et détacher la mousse ; enfin, vous la bondez avec une bonde fraîchement garnie d'une toile.

Le vin ainsi collé peut être mis en bouteilles au bout de trois jours; mais il n'y a aucun inconvénient à le laisser reposer davantage.

Pour une pièce de vin blanc de 250 litres, il vous faut employer douze grammes de colle de poisson.

Cette colle, vous la battez fortement sur le pavé avec un marteau, vous la mettez tremper dans un verre d'eau; quand elle est bien ramollie. vous la divisez encore avec la main, vous ajoutez un litre d'eau, et lorsque la solution est opérée, vous la passez dans un linge et vous la mêlez au liquide du tonneau de la même manière que les blancs d'œufs.

Pour tirer le vin, il faut choisir un temps sec et beau.

Au moment où vous commencez l'opération, vous établirez un courant d'air dans le tonneau, soit en ôtant la bonde, soit en faisant un trou de vrille dans le haut du fond de devant. Avec cette précaution, le liquide coule d'un jet plus fort.

Si vous opérez seul, rangez près de vous et du tonneau un certain nombre de bouteilles que vous pourriez ainsi remplir sans vous déplacer.

Lorsque la pièce arrive à sa fin, vous aurez soin de revêtir l'entonnoir d'une forte mousseline, afin d'arrêter au passage les fleurs et les grandes lames visqueuses qui, dans une bouteille, seraient extrêmement dégoutantes.

Quand vous avez commencé à tirer une pièce de vin, ne la laissez pas en vidange, mais achevez de la vider le plus promptement possible.

Si vous n'avez pas assez de bouteilles pour cela, emplissez des dames-jeanne.

Les bouteilles sont pleines, il s'agit maintenant de les boucher.

Ne mettez pas tremper les bouchons à l'avance, mais mouillez-les légèrement, après les avoir essayés sur le goulot, pour vous assurer que leur dimension est convenable. Il vaut mieux mouiller ces bouchons avec le vin que vous tirez qu'avec de l'eau.

Lorsque vous avez placé le bouchon dans le goulot, saisissez la bouteille de la main gauche, puis de la main droite frappez avec force sur le bouchon, avec une tapette un peu large et de bois épais.

Pendant que vous frappez, ayez soin que le fond de la bouteille n'appuie sur rien, sans quoi elle éclaterait à l'instant.

Le même accident vous arriverait si la bouteille était trop pleine et que le bouchon touchât au vin en s'enfonçant.

Si c'est du vin ordinaire que vous bouchez, vous n'enfoncerez le bouchon qu'aux deux tiers de sa longueur, afin que ce qui reste dehors présente assez de prise pour qu'on puisse l'enlever sans tire-bouchon.

Pour les bouteilles de vins fins que l'on cachète, le bouchon ne doit dépasser le goulot que le moins possible.

Si vous n'avez pas de casiers destinés à recevoir les bouteilles pleines, vous les empilerez.

Pour cela, vous aplanissez d'abord le sol de la cave et vous le recouvrez d'une couche de sable.

Puis vous placez horizontalement et sans qu'elles se touchent, un premier rang de bouteilles, dont vous tournez les goulots vers le mur.

Vous soutenez ces goulots en les appuyant sur une latte ou sur deux lattes superposées. Les goulots des bouteilles ne doivent pas être plus élevés que les fonds.

Etablissez ce premier rang avec le plus grand soin, car c'est de son aplomb que dépend la solidité de tout le tas.

Vous espacez les bouteilles assez pour que vous puissiez mettre un fond entre deux goulots.

Pour disposer le deuxième rang, vous posez une latte sur le fond des bouteilles du premier rang ; puis, chaque bouteille vous la placez, le fond appuyé du côté du mur, sur la latte qui soutient les goulots des bouteilles du premier rang, et le goulot appuyé sur la latte que vous venez de poser sur les fonds de ces bouteilles.

Vous disposez le troisième rang comme le premier, et ainsi de suite.

Vous devez mettre tous vos soins à ce que le tas soit parfaitement d'aplomb, que pas un fond ni un goulot ne dépasse les autres. Si l'aplomb n'était pas bien conservé, le tas pourrait s'écrouler.

Pour éviter cet accident, vous ferez bien de fixer une planche ou un piquet de chaque côté du tas, qui ne doit pas avoir beaucoup plus d'un mètre de hauteur.

Lorsque les bouteilles sont ainsi empilées, il est facile de les compter ; l'air circule entre elles, ce qui contribue à la conservation des bouchons ; elles occupent très-peu de place et elles présentent un aspect d'ordre et de propreté agréable à voir.

Tous ces avantages n'existeraient pas si les bouteilles étaient enterrées dans le sable.

Vous placerez une étiquette à toutes les piles de bouteilles. Cette étiquette portera le nom du vin et la date de sa récolte. Vous marquerez de même tous les tonneaux.

Vous visiterez souvent la cave, examinant les tonneaux, goûtant les vins et vous assurant si les tas de bouteilles sont solides, si les bouchons ne pourrissent pas et ne perdent pas.

Vous tiendrez votre cave dans un grand état d'ordre et de propreté, et vous la mettrez, autant que vous le pourrez, à l'abri de toute variation de température.

Lingerie. — Dans une maison un peu importante et bien organisée, il y a une lingerie, c'est-à-dire un appartement dans lequel se fait tout le travail que réclame le linge, et où sont placées les armoires dans lesquelles on le serre une fois qu'il est blanchi. C'est dans cette pièce qu'on repasse et qu'on raccommode le linge. Tous les ustensiles nécessaires à ce travail doivent s'y trouver.

En entrant dans la lingerie dont vous êtes char-gée, n'oubliez pas d'en demander l'inventaire, que vous vérifierez sous les yeux de vos maîtres. Si cet inventaire n'existe pas, dressez-le vous-même et faites-le contrôler.

Cet inventaire sera fait en double, dont une copie pour vos maîtres et l'autre pour vous.

Deux ou trois fois par an vous ferez, l'inventaire à la main, la revue générale de votre lingerie.

Tout le linge doit être marqué aux initiales du nom de votre maître ou de votre maîtresse.

Sous les initiales se trouvera le numéro par douzaine, c'est-à-dire depuis un jusqu'à douze, et sous ce numéro ou à côté la marque première pour la première douzaine, la marque deuxième pour la seconde douzaine, et ainsi de suite.

Les draps seront numérotés par paire, c'est-à-dire que deux draps semblables doivent porter le même numéro. C'est le seul moyen de les avoir toujours associés, de faire servir chaque paire à tour de rôle et de s'assurer de leur compte.

Le point de tapisserie en coton rouge est la meil-leure manière de marquer le linge, mais elle est un peu lente.

Attachez chaque douzaine ensemble avec un ru-ban de fil de couleur, qui portera, sur une étiquette de carton, le numéro de la douzaine.

Les draps sont aussi, au moyen d'un ruban, atta-chés par paire, avec l'étiquette portant le numéro de la paire. Cela vous dispensera de les déplier pour reconnaître leur numéro.

Placez le linge de table dans un endroit, celui de lit dans un autre. Le linge de corps et le linge de service seront aussi rangés à part.

Tous les replis des draps, des serviettes seront mis les uns sur les autres sans interruption et du côté de l'ouverture de l'armoire, afin que vous puissiez enlever chaque pièce sans désordre et sans difficulté.

Tout le linge doit être placé selon l'ordre des numéros, et c'est aussi selon ce même ordre que vous devez le faire servir.

Chaque semaine, le samedi soir ou le dimanche matin, et toujours à la même heure, vous donnerez le linge, nappes, serviettes, torchons, tabliers, etc., dont on aura besoin dans la semaine. Vous prendrez note du linge que vous donnez et de celui qu'on vous rend.

Les draps sont distribués au moins tous les mois.

Après chaque distribution, vous remettez le linge qui reste dans les armoires et dans son arrangement ordinaire.

Vous veillez à ce que chaque espèce de linge ne serve qu'à l'usage auquel il est destiné.

Pour arrêter sur le linge sale l'action rougeante de la crasse, vous le ferez échanger tous les lundis, c'est-à-dire que vous le ferez passer tout à l'eau froide en été, et à l'eau tiède en hiver. Vous le laisserez tremper environ une demi-heure; après l'avoir battu et frotté, vous l'étendez sur des cordeaux pour le faire sécher. Une fois sec, vous les mettrez dans des armoires communes, en tas, selon son espèce, de manière qu'au moment de la lessive vous serez dispensée de le trier.

Chaque pays, on peut même dire chaque maison, a sa manière de faire la lessive. Nous laissons chacun libre de croire que sa méthode est la meilleure.

Vous suivrez le procédé dont on se sert dans la maison où vous êtes; mais s'il vous est permis d'y introduire une utile réforme, vous y ferez adopter l'usage des appareils à vapeur. Il y en a de toutes les dimensions et pour tous les ménages.

Si vous êtes obligé de suivre l'ancien procédé à la cendre, vous coulerez votre lessive en mettant dessus dix fois de l'eau à peine tiède, dix fois de l'eau chaude et dix fois de l'eau bouillante. Donnez-vous seulement la peine de compter, et au plaisir de ne *jamais manquer* une lessive, vous ajouterez celui d'économiser du temps, du combustible et du savon.

N'oubliez pas de prendre note de tout le linge que vous mettez à la lessive.

Il ne faut pas faire sécher entièrement le linge la première fois qu'on l'étend; il vaut mieux l'enlever des cordes à moitié sec et le *tabler*, soit pour le repasser, soit pour l'empiler, afin qu'il se déride et prenne un bon pli.

Tabler le linge consiste à le mettre, non entièrement plié, sur une table où on le charge de poids posés sur une planche. On le laisse ainsi dix ou quinze heures, après quoi, sans le déplier, on l'étend de nouveau pour achever de le faire sécher. Alors il sera ferme et aussi lisse que s'il avait été repassé, et on achève de le plier comme il doit l'être pour le serrer.

Si par mégarde vous aviez laissé le linge se trop sécher, il faudrait le mouiller un peu avant de le tabler; faute de ce soin, il n'aurait jamais un bon poli, serait mou et ridé.

Les draps doivent être étirés dans le sens de l'ourlet et pliés par la lisière. On étire aussi les serviettes et on les plie en trois par l'ourlet.

Tout le linge, excepté le linge de corps, doit être plié à l'envers.

Si le linge qu'on doit repasser ne peut pas l'être tout de suite, vous le laisserez entièrement sécher.

Vous classerez chaque espèce de linge avant le repassage, afin qu'il soit possible de repasser l'une après l'autre les pièces de la même espèce.

Dès que le linge est échangé, il doit être passé en revue en le regardant à contre jour et raccommodé. Si alors on n'a pas le temps de le raccommoder, il ne faudra pas négliger ce soin avant de le repasser et de le ranger.

Un bon entretien du linge est le moyen le plus sûr de prolonger longtemps sa durée.

Tout le linge en général, et principalement les serviettes, doivent être longtemps reprisées avec soin; mais il arrive un certain point où il n'est plus susceptible d'être raccommodé, alors le temps énorme qu'on emploie à cette réparation est un temps perdu.

Dans cet état, le linge est ce qu'on appelle *élimé*. Vous le mettrez alors à la réforme et vous en tiendrez note, afin que vous sachiez ce qu'il est devenu, lorsque vous vérifierez l'inventaire de votre lingerie.

Le linge réformé ne sera pas entièrement perdu pour cela. Vous choisirez ce qu'il y a de bon et vous en tirerez parti pour torchons, essuie-mains, essuie-rasoirs, pièces pour le raccomodage et linge de réserve en cas de maladie.

CHAPITRE DOUZIÈME

SOINS DES DOMESTIQUES
POUR EUX-MÊMES.

Habillement et tenue. — Dans votre mise, vous éviterez avec le plus grand soin de copier celle de votre maître ou de votre maîtresse. Vous ne pourriez que leur déplaire et vous rendre ridicule aux yeux des autres.

Vous porterez la livrée si la maison où vous vous trouvez en a une, et si les fonctions que vous y remplissez sont compatibles avec elle.

Si vous devez vous entretenir vous-même de vêtements, vous les choisirez d'une étoffe solide et d'une forme convenable à votre position.

Vous veillerez à les tenir propres et vous les traiterez avec ménagement.

Il vous convient d'avoir plusieurs paires de chaussures, les unes fortes pour le dehors, les autres légères pour l'intérieur.

Pour le gros ouvrage du matin, vous aurez un

vêtement de couleur et plus commun. Vous porterez en outre un tablier à bavette.

Si vous devez servir à table, dès que le couvert sera mis, vous irez changer de vêtement et vous mettrez une cravatte blanche.

Vous ne vous mettrez jamais à table avec un vêtement sale. Quand vous serez obligé d'entrer au salon ou d'aller à la porte d'entrée, vous ferez attention qu'il n'y ait rien sur votre personne qui puisse blesser les regards de vos maîtres ou des étrangers.

Vous aurez du linge pour pouvoir en changer aussi souvent que besoin sera.

Vous porterez les cheveux courts et soigneusement brossés. Vous ne porterez ni barbe, ni moustaches, et vous vous raserez au moins deux fois par semaine.

Votre visage et vos mains seront toujours d'une propreté irréprochable. Si vos pieds transpirent beaucoup, vous les laverez souvent, surtout en été.

Pour n'avoir pas mauvaise haleine, vous vous rincerez la bouche après chaque repas ou toutes les fois que vous viendrez de fumer.

Sur un cuisinier, les cheveux longs auraient de graves inconvénients. En se faisant la barbe, il ne laissera tout au plus que les favoris; mais point de collier, de barbiche, ni de moustaches : la propreté les interdit.

S'il veut conserver dans toute sa délicatesse le

sens du goût dont l'art de la cuisine a un besoin indispensable, il ne contractera pas l'habitude de fumer.

Une cuisinière ne prendra pas non plus celle de priser. On sait pourquoi.

Cuisinier et cuisinière auront toujours sur eux du linge blanc : bonnet, tablier, essuie-mains.

Leurs mains surtout et leurs ongles seront d'une propreté qui ne laisse rien à désirer.

Une bonne, femme de chambre ou domestique, doit avoir une mise en rapport avec le service qu'elle remplit dans une famille et l'usage du pays qu'elle habite.

Mais quel que soit ce service, son habillement sera toujours d'une propreté parfaite et d'une simplicité rigoureuse.

Vous ne prendrez pas l'habitude de rester longtemps à votre toilette.

Vous aurez pour le gros ouvrage du matin un vêtement plus usé et plus grossier, avec tablier et manches de toile.

Le reste de la journée, vous serez nabillée plus proprement. La robe et le bonnet seront plus frais.

Si votre maitresse vous donne une de ses robes, vous la referez et vous en enlèverez tous les ornements et toutes les garnitures.

Vous tiendrez en bon état votre linge et vos vêtements. Vous trouverez toujours, dans vos moments de loisir, assez de temps pour cela; et si vous n'en aviez pas assez, vous en demanderiez à vos maitres qui ne vous le refuseront pas.

Chambres. — Chaque matin, en vous levant, vous ferez votre chambre. Vous commencerez par faire votre lit et vous balayerez ensuite; mais faites tout cela sans beaucoup de bruit, surtout si d'autres personnes étaient encore couchées dans un appartement près ou au dessous du vôtre.

Le soir, en vous couchant, vous serez heureux, après une journée de fatigue, de trouver un lit bien fait. Le repos de la nuit sera plus complet et votre santé s'en trouvera mieux.

Avec la propreté, vous entretiendrez aussi l'ordre dans votre chambre.

Lorsque, dans la journée, vous y venez changer de vêtements, prenez l'habitude de ranger et de serrer à l'instant toutes choses. A moins que l'intempérie de la saison ne vous oblige à la fermer, vous laisserez la fenêtre de votre chambre tout le jour ouverte. Une chambre bien aérée est toujours plus saine.

Santé. — Pour un domestique, le plus précieux de tous les biens, c'est la santé. Avec la santé, il travaille; avec le travail, il gagne sa vie.

Vous éviterez donc tout ce qui pourrait détruire votre santé. Il ne faut pas vous écouter, comme aussi il ne faut rien faire imprudemment qui puisse vous nuire.

Dans les maisons où vous pouvez être, il est rare

qu'il y ait des travaux trop pénibles. Si cependant il s'en rencontrait qui fussent au-dessus de vos forces, vous feriez bien de ne pas les entreprendre, ou bien, les ayant entrepris, vous feriez encore mieux de ne pas les continuer.

Si vous tombez malade, ce sera le plus souvent par vos imprudences et non par excès de travail.

Evitez l'excès en tout, et lorsque vous vous apercevez d'une altération dans votre santé, éloignez-en la cause.

La cause la plus fréquente de maladie pour un domestique, c'est le refroidissement. Lorsque vous êtes en sueur, ne vous arrêtez pas en repos dans un courant d'air, ou bien n'allez pas vous asseoir dans un endroit frais, sans vous couvrir un peu plus.

Ne gardez pas des vêtements mouillés sur vous.

Une petite indisposition négligée peut vous conduire dans une grave maladie.

Lorsque vous vous sentez sérieusement atteint, ne vous opiniâtrez pas au travail, avertissez vos maîtres et consultez le médecin.

Economies. — Si l'esprit d'épargne convient à tous les états, il est d'une étroite obligation lorsqu'on est en service.

Pensez de bonne heure à votre avenir.

Les jours de maladie, de perte de place ou de vieillesse arriveront pour vous comme pour les autres, et vous serez heureux de trouver alors entre vos mains des économies qui vous permettront de faire face à vos besoins.

Les changements de place trop faciles, la passion de la toilette, la fréquentation des cabarets, l'usage du tabac et quelquefois une conduite peu régulière sont les principaux obstacles à l'économie ; évitez-les.

Ne méprisez pas les petites épargnes, elles ne vous imposent que de petites privations.

Entre les mains de domestiques imprévoyants, l'argent fuit pièce à pièce, sans laisser rien après lui, et, à la fin de l'année, on a la tristesse de ne savoir où il a passé.

Vous connaissez vos gages ; défrayé de tout, vous connaissez aussi la dépense qu'exige votre convenable entretien, faites votre budget et chargez le plus que vous pourrez le chapitre des épargnes. Mettez de côté le quart, le tiers et même la moitié de ce que vous gagnez.

Il est des maisons où ce que vous recevrez en étrennes ou en cadeaux, vous permettra de ne pas toucher à vos gages fixes.

Au moment même où vous recevez vos gages, que ce soit tous les mois ou tous les trois mois, mettez de côté la part que vous destinez à vos économies, et portez-la aussitôt à la caisse d'épargne. Vous vous mettrez ainsi dans l'heureuse impossibilité de contenter vos vaines fantaisies.

Là caisse d'épargne reçoit les plus petits dépôts, ne serait-ce que un franc.

Ne retirez pas les intérêts, laissez-les s'accumuler ; vous serez surpris, au bout de quelques années des économies considérables que vous aurez faites.

Lorsque vous serez possesseur d'une somme un peu forte, ne vous laissez jamais tenter de la placer chez un particulier, par l'appât d'un intérêt plus gros. Un placement malheureux pourrait vous faire perdre en un jour les épargnes de toute votre vie.

Moments de loisir. — Quelque nombreuses que soient les occupations que vous impose votre service, vous aurez, sinon tous les jours, au moins de temps en temps, des moments de loisir; employez-les utilement pour vous.

Si vous ne savez pas lire ou écrire, vous devez l'apprendre. Une volonté forte et persévérante, avec quelques leçons que vous vous ferez donner, vous suffiront pour cela.

Vous apprendrez aussi le calcul.

Si vous avez déjà reçu cette instruction première, vous tâcherez de l'entretenir en vous et même de la développer.

Vous ne lirez que des livres instructifs, vous laisserez de côté les romans, quels qu'ils soient.

Vous ne prendrez jamais un livre de la maison où vous êtes sans en demander la permission.

Ecrivez vous-même votre correspondance; copiez de temps en temps quelque beau passage qui vous aura intéressé dans un livre, et, de la sorte, non-seulement vous pourrez conserver votre écriture, mais même l'améliorer.

Un homme n'ira pas aux cafés ni aux cabarets,

il évitera les lieux publics. Il ne pourrait qu'y trouver la perte de son temps, de ses épargnes, de sa santé et de sa considération.

Une femme doit, avant tout, employer ses moments de loisir, à tenir en bon ordre et à raccommoder ses vêtements.

C'est à elle surtout que nous recommandons de ne pas lire des romans qui exalteraient son imagination et pervertiraient son cœur.

Elle ne paraîtra jamais aux bals ni aux promenades publiques. Le goût d'une coquetterie dispendieuse et d'une dissipation compromettante, c'est tout ce qu'elle y trouverait. Qu'elle n'oublie pas qu'une bonne réputation est sa première richesse.

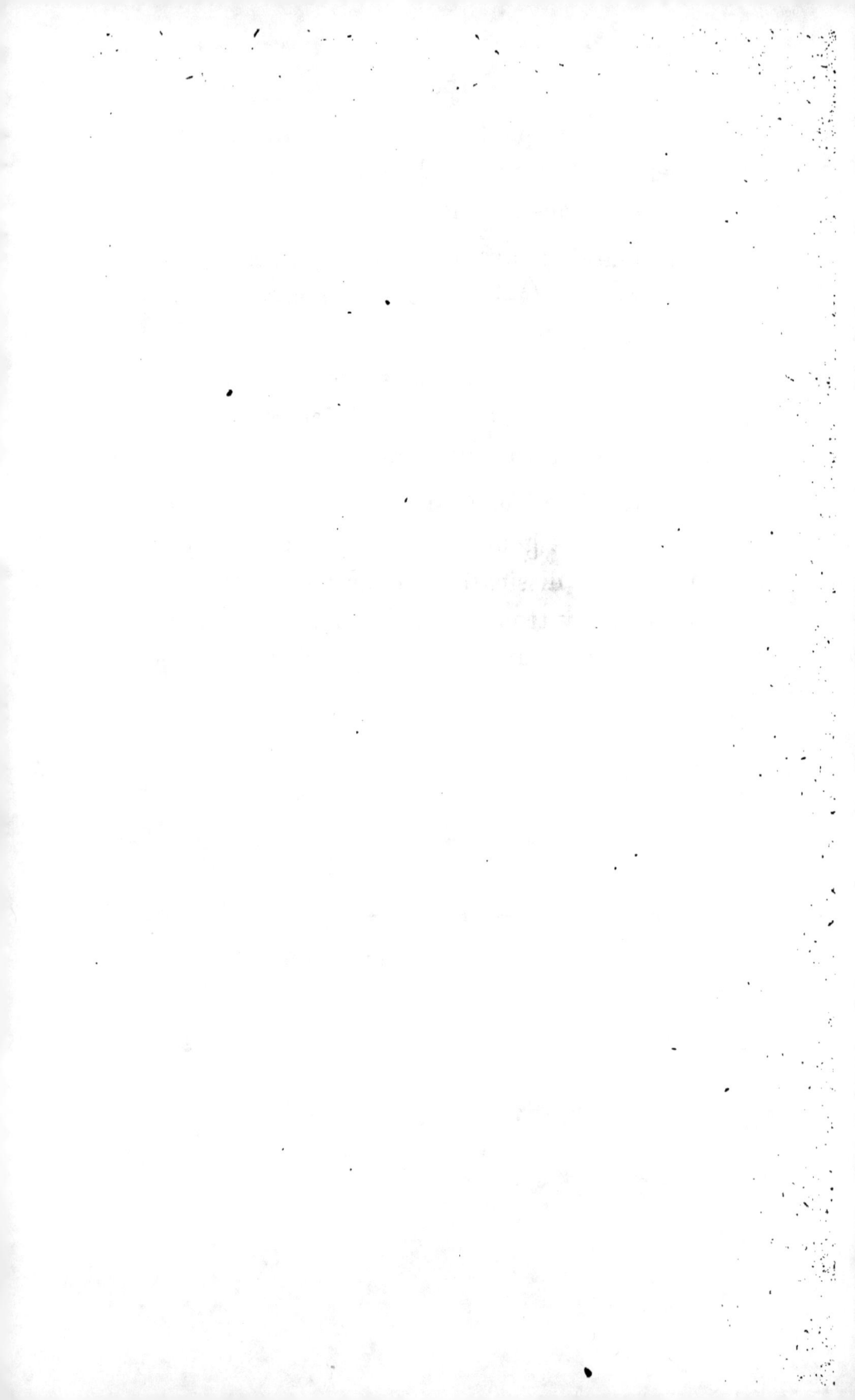

RECETTES DIVERSES.

1. — *Colle pour raccommoder les cristaux, la faïence, la porcelaine.* — Faites dissoudre dans de l'esprit de vin de la colle de poisson ; mettez-y un tiers de son poids de gomme ammoniaque et faites fondre le tout au bain-marie. Vous connaissez que la matière est assez forte quand, en en faisant tomber une goutte, elle devient très-solide en refroissant. Vous mettez les morceaux à coller dans de l'eau chaude ; vous étendez la colle sur les parties séparées ; vous les tenez bien serrées, et les trempez dans l'eau froide, en les serrant toujours.

Cette colle se conserve dans une bouteille, mais pour s'en servir on la met dans l'eau chaude.

2. — *Autre.* — Prenez une tête d'ail et écrasez-la bien, de manière à en faire une espèce de pâte, frottez-en les morceaux cassés, et réunissez les parties en les serrant fortement ; liez-les avec du fil de fer, suivant la force de la pièce, et faites-la bouillir dans une quantité suffisante de lait, pendant une demi-heure. Après cette opération, les morceaux seront parfaitement recollés et sans que l'ail risque de communiquer son odeur à ce que l'on pourrait mettre dans la pièce.

3. — *Préserver de la rouille le fer et l'acier.* — Faites chauffer le métal au point que la main ne puisse plus

le souffrir, frottez-le avec de la cire vierge, chauffez-le
encore, et essuyez-le vivement avec un morceau de drap
ou de peau.

4. — *Autre pour toute espèce de métaux.* — Les objets
ou instruments en fer, en acier, en fer-blanc, en tôle sont
préservés de la rouille et se conservent indéfiniment brill-
lants et intacts si on les saupoudre de chaux vive ou si
on les trempe dans de l'eau de chaux. C'est le procédé anglais.

5. — *Nettoyage de l'argenterie.* — Prenez : crème de
tartre, en poudre fine, 62 grammes; blanc d'Espagne, en
poudre fine, 62 grammes; alun, en poudre fine, 31 grammes. — Mêlez ensemble ces trois substances. Lorsque vous
voulez vous en servir, délayez ce mélange dans une petite
quantité d'eau, et frottez-en l'argenterie avec un linge
doux. Votre argenterie prendra un brillant aussi beau que
si elle était neuve. Lavez-la ensuite et essuyez-la avec soin.

6. — *Nettoyage des cadres dorés.* — Prenez : blanc
d'œuf 93 grammes, eau de javelle 31 grammes — Battez
le tout ensemble et lavez légèrement les cadres, avec une
éponge trempée dans ce mélange, auquel vous ajoutez une
quantité d'eau suffisante N'oubliez pas d'essuyer. La do-
rure reprend immédiatement sa vivacité.

7. — *Nettoyage des meubles.* — Prenez par portions
égales : blanc d'Espagne, cendres de bois tamissées et
potasse. — Mouillez un peu ce mélange, et, avec un tampon de flanelle ou une brosse, frottez-le sur le meuble
curnel, par ce procédé, vous enlèverez facilement les
taches de graisse, d'huile, et même d'encre.

8. — *Vernis pour les meubles.* — Mêlez ensemble de
l'alcool, de la potasse et de l'essence de térébenthine par
parties égales, ajoutez au mélange une petite quantité de
cire blanche, et remuez bien avec un morceau de bois. —
Vous étendez cette composition sur le meuble, avec une
éponge fine, et vous frottez avec un morceau de flanelle.

9. — *Encaustique universel.* — Faites dissoudre sur
le feu 180 grammes cire jaune, retirez du feu et ajoutez

180 grammes essence de térébenthine; laissez refroidir et couvrez le vase. — Cet encaustique peut être employé sur les parquets, les meubles, le marbre; on y ajoute seulement la couleur qui convient à l'objet sur lequel on le passe. On l'étend avec un chiffon de laine, on frotte ensuite avec un autre chiffon de laine; si c'est sur un parquet, on emploie la brosse à frotter, comme à l'ordinaire.

10. — *Encaustique pour les parquets.* — Faites fondre un demi-kilogramme de cire dans un demi-litre d'eau; jettez-y dans cet état 65 grammes de potasse fondue déjà dans 150 grammes d'eau bouillante; 50 grammes de savon vert, et 35 grammes d'eau de cologne. — Remuez le mélange bien doucement, pendant un quart d'heure, laissez-le ensuite refroidir pendant vingt-quatre heures. Ajoutez alors 32 grammes d'ocre rouge et délayez le tout, en y versant deux litres et demi d'eau, s'il s'agit de l'employer sur un parquet neuf; dans les autres cas, vous n'y verserez que la quantité d'eau nécessaire pour lui donner la liquidité voulue. — On étend ce cirage avec un pinceau ou un balai, on frotte avec une brosse, on passe ensuite un torchon et on obtient un beau brillant.

11. — *Cirage des parquets.* — Prenez une poignée de cendre de bois que vous mettez dans un nouet de linge, et faites bouillir dans un vase avec de l'eau. Décantez et remettez à bouillir cette eau lessivée avec des morceaux de cire; étendez cette eau sans être chaude, et frottez ensuite avec une brosse. Dans un instant le plancher, qui doit avoir été d'abord décrassé et être bien sec, est ciré sans fatigue.

12. — *Mastic pour raccommoder un parquet.* — Faites dissoudre de la colle de Flandre en consistance légère, mêlez une partie de blanc d'Espagne, une partie de terre, de la couleur du bois et deux parties de sciure de bois très-fine. Faites le mélange à chaud pour obtenir une pâte un peu consistante, placez-là sur la partie détériorée du plancher et laissez sécher.

13. — *Taches d'encre sur les parquets.* — Humectez la tache avec de l'eau chaude, frottez, puis, à l'aide de la barbe d'une plume, touchez la tache avec du jus de citron, et recommencez l'opération si la tache ne disparaît pas à la première fois.

14. — *Taches d'huile sur le parquet.* — Placez sur la tache une couche de terre glaise, passez dessus un fer bien chaud. La tache ne disparaîtra pas tout d'abord, mais l'opération, renouvelée cinq ou six fois, aura un plein succès.

15. — *Taches de rouille sur le marbre.* — Mouillez la tache avec un mélange, par parties égales, de jus de citron, et d'esprit de vitriol ; lavez quelques instants après et frottez; enfin, rendez au marbre son poli, en le frottant avec un morceau de flanelle légèrement imbibé d'huile.

16. — *Blanchir l'albâtre et le marbre blanc.* — Prenez de la pierre ponce en poudre très-fine, faites-la infuser dans du verjus, pendant 12 heures, mouillez-en avec une éponge l'albâtre ou le marbre, il se blanchira parfaitement : mais frottez et essuyez avec soin.

17. — *Cirage anglais.* — Prenez : noir d'ivoire, 125 grammes ; mélasse, 125 grammes ; acide sulfurique, 31 grammes ; huile d'olive, 2 cuillerées : vinaigre, un quart de litre. — Mettez dans un vase de faïence, vernissez le noir et la mélasse, que vous remuez bien pour les mêler ; ajoutez l'acide sulfurique, en continuant d'agiter le mélange ; enfin, versez-y l'huile, et incorporez le vinaigre peu à peu.

18. — *Cirage Jacquand.* — Prenez : noir d'os en poudre, 750 grammes ; huile d'olive, 500 grammes; mêlez et ajoutez acide muriatique, 250 grammes ; bleu de Prusse 50 grammes ; mélasse, 1 kilog. ; laque d'Inde, 30 grammes ; mêlez bien et ajoutez encore : gomme arabique, 125 grammes, fondue dans une quantité suffisante d'eau. Pour obtenir le cirage liquide, on délaye cette pâte dans quantité suffisante de vin ou de bière.

19. — *Cirage vernis.* — Prenez : un litre de vin blanc; 42 grammes bois de campêche ; 42 grammes noix de galle; 250 grammes gomme arabique ; 42 grammes couperose verte; 10 grammes sulfate de cuivre ; 62 grammes sucre candi. Concassez le bois de campêche, la noix de galle et la gomme arabique ; mettez le tout dans un vase en terre et laissez reposer pendant quatre jours et plus, en remuant deux fois par jour. Passez ensuite dans un tamis ou papier, et mettez en petites bouteilles bien bouchées.

20. — *Rendre imperméables à l'eau les bottes et les souliers.* — Prenez : huile d'œillette, un litre ; suif de mouton, 250 grammes ; cire jaune, 180 grammes ; résine 31 grammes. — Faites fondre le tout dans un vase de terre, et lorsque cette préparation est à demi refroidie, étendez la sur la chaussure avec une brosse. Il faut que le cuir soit sec.

21 — *Savon pour détacher.* — Faites bouillir un litre d'eau de pluie avec de la cendre et passez à un linge. Dans cette lessive, mettez une livre de savon blanc rapé, que vous faites fondre en remuant continuellement ; ajoutez-y six jaunes d'œufs bien battus, et laissez bouillir le tout un instant, en remuant toujours. Ajoutez, si vous le voulez, quelques gouttes d'essence de citron, et employez ce mélange comme le savon ordinaire.

22. — *Essence de savon.* — Prenez : un litre d'alcool ; 375 grammes de savon blanc, que vous rapez ; 30 grammes essence de térébenthine. — faites dissoudre le tout sur petit feu ; remuez jusqu'à ce que la dissolution soit opérée ; laissez reposer, tirez au clair et conservez dans des flacons bien bouchés.

23. — *Eau à détacher.* — Prenez 500 grammes essence de citron ; 72 grammes alcool à 40 degrés, 60 grammes éther sulfurique. — Mélangez et agitez bien à bouchon fermé. Il est plus avantageux de se servir de l'eau à détacher que de l'essence de savon, lorsque l'on opère sur des étoffes dont la solidité des couleurs n'est pas certaine.

24. — *Eau de Cologne.* — Prenez : deux litres d'alcool à 32 degrés ; 60 grammes essence de berguamotte ; 60 grammes essence de citron ; 15 grammes essence de cédrat ; 8 grammes essence de néroli ; 4 grammes essence de romarin. — Mêlez le tout ensemble et conservez dans des flacons bien bouchés.

25. — *Préparation du fiel de bœuf.* — Pour être propre à enlever les taches, le fiel de bœuf doit subir une préparation particulière. — Mettez sur le feu un litre de fiel de bœuf, faites le bouillir, et écumez en même temps la matière azotée qui vient au dessus. Quand elle est bien écumée, jetez y 31 grammes d'alun, en poudre fine, et

tamisée; et lorsque le mélange est refroidi, mettez-le dans une bouteille pour vous en servir au besoin.

26. — *Taches d'encre ordinaire.* — L'encre, lorsque la tache est fraîche, s'enlève par un simple lavage à l'eau pure, et ensuite à l'eau de savon; le jus de citron détruit entièrement l'empreinte de l'oxide de fer. Mais, lorsque la tache a vieilli, l'acide oxalique seul peut la bien enlever. Le chlore enlève l'encre très-facilement mais il altère les couleurs et les détruit même tout à fait, si elles sont de nature végétale.

27. — *Taches de cambouis, d'encre d'imprimeur.* — Commencez par employer les substances qui enlèvent les corps gras, tels que le savon, les terres glaises, le fiel de bœuf, l'ammoniaque; puis, enlevez l'oxyde de fer par l'acide oxalique, et enfin, lavez à l'eau chaude, en savonnant ou en faisant usage de crème de tartre en poudre.

28. — *Taches de boue.* — L'eau ne suffit pas toujours pour bien enlever la boue des rues, à cause des diverses matières qui entrent dans sa composition. Le jaune d'œuf très-frais, appliqué sur la tache que l'on frotte légèrement, entre les mains et que l'on rince ensuite avec soin, obtient presque toujours un bon résultat, sans altérer aucunement la couleur. La crème de tartre achève de faire disparaître la moindre trace.

29. — *Taches de rouille.* — Les taches de rouille sont enlevées presque subitement par l'acide oxalique (acide de sucre), qu'il ne faut pas confondre avec le sel d'oseille. — Si la tache est noire, la crème de tartre en poudre suffit pour la faire disparaître; cette substance attaque moins les couleurs. — L'acide oxalique s'emploie en poudre, dont on couvre la tache préalablement imbibée d'eau chaude. On attend quelques instants, après lesquels on frotte la tache avec le bout du doigt, et on la lave à l'eau chaude.

30. — *Taches de fumée.* — On les enlève en les lavant d'abord à l'eau de savon, en faisant ensuite usage de l'essence de térébenthine, et enfin en employant l'acide oxalique.

31. — *Taches de café, de chocolat, de liqueurs sucrées.* — Pour les enlever, il faut faire un lavage à l'eau chaude et un savonnage chaud. On emploie même quelquefois l'acide sulfureux liquide.

32. — *Taches de sauce.* — Employez d'abord terre glaise, ou fiel de bœuf, ou jaune d'œuf, puis, acide oxalique, et enfin, ammoniaque liquide.

33. — *Taches d'urine, de sueur.* — Si la tache est récente, employez l'ammoniaque liquide étendu d'eau ; si elle est ancienne, traitez-la par l'acide oxalique, en solution, dans une quantité suffisante d'eau, et n'oubliez pas de rincer.

34. — *Taches de peinture.* — Imbibez un morceau de flanelle avec de l'essence de térébenthine ou d'eau de lavande, et frottez la tache, elle disparaîtra.

35 — *Taches de fruits.* — Ces taches s'enlèvent avec la plus grande facilité avec du chlorure de soude, surtout après un savonnage. Si la tache est de nature acide, employez l'alcali volatil comme réactif, et enfin l'eau de javelle, mais affaiblie avec de l'eau, pour ne pas trop altérer les couleurs.

36. — *Taches de résine, de cire, de bougie.* — Ces taches s'enlèvent très bien, au moyen de l'alcool plus ou moins rectifié.

37. — *Préserver les étoffes de laine et les fourrures des attaques de la teigne.* — Tout ce qui est laine et fourrure est exposé aux ravages des teignes. Ces ravages ne sont pas à craindre tant que les vêtements et les fourrures sont portés. L'air, le mouvement, les secousses éloignent tout danger. Aussi, lorsque la saison a obligé à les déposer, faut-il leur continuer le même régime, c'est-à-dire les exposer souvent, par un temps sec, au grand air et les battre. Mais le battage est trop assujétissant et, dans les fortes chaleurs, un oubli ou une absence de huit jours peut donner le temps à l'ennemi d'accomplir son œuvre de destruction.

Sur les indications d'un ancien curé, nous avons préparé une poudre d'une efficacité incontestable Depuis plus de dix ans nous en faisons l'expérience et, après chaque été, nous avons le bonheur de retrouver parfaitement intacts les lainages et les fourrures dont nous lui avons confié la conservation.

C'est avec la plus entière confiance que nous recommandons cette poudre à laquelle nous avons voulu donner notre nom.

Tout en les garantissant des teignes, la poudre Milon communique aux étoffes et aux pelleteries une odeur agréable. — La manière de l'employer est indiquée dans une instruction qui accompagne chaque paquet. — Un paquet peut servir à préparer une grande quantité de vêtements.

PRIX : *Franco* par la poste, 1 fr. 25 c. le paquet, 2 fr. les deux, 2 fr. 50 c. les trois paquets.

38. — *Nettoyage des boutons de métal.* — Frottez les boutons avec une peau douce ; s'ils ont des taches, prenez une carte, fendez-la, et, dans la fente, faites passer la queue des boutons que vous frottez avec une petite brosse chargée de blanc d'Espagne ou de poudre de métal.

39. — *Nettoyage des bijoux, galons.* — Savonnez l'or, les pierres précieuses, passez-les dans un linge fin, mettez-les ensuite sécher dans de la sciure de bois, et terminez en les essuyant avec une peau de gants. — Servez-vous aussi et préférablement de l'alcool rectifié, dont vous frottez légèrement la pièce avec un pinceau. — Ne faites pas usage de poudres, qui, d'ordinaire rayent et usent l'or.

Les épaulettes, les galons d'or et d'argent, et généralement tous les bijoux se nettoient parfaitement dans l'esprit de vin chauffé au bain-marie.

40. — *Nettoyage des gants.* — Faites un mélange de terre à foulon bien sèche et d'alun pulvérisé ; chargez de ce mélange une brosse dure et frottez-en vos gants, étendus sur une table. Quand ils ont été bien frottés, secouez-les, et frottez-les de nouveau avec un mélange de son sec et de blanc d'Espagne.

Si les gants étaient bien sales il faudrait, avant tout, les étendre, répandre dessus de la poudre d'os brûlé, placer sur cette poudre un papier de soie et passer sur ce papier un fer chaud. Cette opération a pour but de faire fondre la graisse qui est absorbée en même temps par la poudre d'os. Vous frottez ensuite les gants avec la poudre d'alun et la terre à foulon. Par ce procédé, vous n'avez pas besoin de laver les gants, ce qui les gâte toujours beaucoup.

41. — *Nettoyage à neuf des étoffes de drap, cachemires, mérinos et poils de chèvre.* — Dans douze ou quinze litres d'eau, mettez quatre cuillerées d'essence de savon, deux cuillerées de fiel de bœuf purifié. Lavez rapidement dans ce bain, rincez à l'eau froide et propre, tordez entre deux linges, faites sécher à l'ombre en tenant l'étoffe bien tendue. Si vous craignez que l'étoffe perde sa couleur, ajoutez un peu d'alun à l'eau dans laquelle vous rincez.

Un habillement confectionné sera tordu aussi entre deux linges, puis étendu sur une table, couvert d'un autre linge blanc, très-fort, sur lequel vous repassez avec un fer de tailleur très-chaud; vous conduisez le fer dans le sens du poil et vous aurez bien soin de contretirer l'étoffe, pour donner à l'habillement la forme voulue.

42. — *Nettoyage des robes, fichus et autres étoffes d'indienne.* — Lavez dans une eau de savon tiède, ou mieux, servez-vous de l'essence de savon. Si les couleurs risquent d'être altérées, acidulez l'eau avec un peu de citron ou du vinaigre, et repassez avec un fer chaud.

43. — *Nettoyage des rubans, fichus et robes de soie.* — On commence par découdre les robes et les nœuds de ruban, puis on les trempe dans les substances suivantes, bien battues et mélangées ensemble : eau de vie, un quart de litre ; miel blanc, 30 grammes, savon, 30 grammes. — Après avoir trempé chaque pièce dans ce mélange, étendez-la sur une table et frottez ses deux surfaces avec une éponge ou une brosse douce ; puis, imbibez la brosse ou l'éponge d'eau pure et frottez encore, jamais avec la main. Rincez en agitant dans un baquet d'eau, étendez pour faire sécher et repassez l'étoffe lorsqu'elle est à moitié sèche.

44. — *Blanchissage des dentelles, blondes, gazes, filets.* — Commencez par les débâtir, les repasser et les plier l'une sur l'autre, puis, mettez-les dans une espèce de poche de toile blanche et faites-les tremper dans l'huile d'olive pendant 24 heures. Faites une eau de savon bien forte, dans laquelle vous jettez, lorsqu'elle est bouillante, le sac où sont les dentelles ; laissez-y un quart d'heure, rincez-le tout toujours dans le sac, trempez le sac dans l'amidon, retirez-en les blondes et repassez-les l'une après l'autre.

Après avoir blanchi les blondes, les dentelles et les tulles, selon le procédé que nous venons d'indiquer, il suffit de les exposer à la vapeur de soufre pour les obtenir d'un blanc de neige admirable.

A cet effet, on a un instrument appelé *soufroir*. Le soufroir est fait d'une forme carrée ou cylindrique en bois de sapin Un tonneau ou un baril ouvert par les deux bouts peut remplir le même office. A la distance de 30 à 40 centimètres en dessous du bord, en dedans on pose circulairement, de distance en distance, plusieurs chevilles en bois, en os ou en verre, jamais de clous en métal. A ces chevilles, on attache un filet, sur lequel on étend une étoffe de laine blanche peu serrée, sur laquelle on couche à plat la dentelle, la blonde. On peut garnir ainsi le soufroir jusqu'en haut. On le ferme ensuite hermétiquement par un couvercle, on place au bas, en dedans, un vase de terre cuite dans lequel on met de la cendre chaude, sur laquelle on jette du soufre en poudre. Par précaution, on met un peu au dessus du vase, une plaque de terre ou de verre, mais non de métal, qui empêche la flamme du soufre d'atteindre directement le filet et on entoure la partie inférieure avec de la terre glaise. On laisse les objets à blanchir exposés aux vapeurs du soufre pendant une heure au moins. — On prétend à tort que les blondes sont plus brillantes quand on les apprête à la gomme avant de les soufrer ; le soufrage, dans ce cas, agit seulement sur la gomme et non sur le fil qu'il n'atteint pas. — Les flanelles exposées dans le soufroir, après qu'elles ont été lavées, y retrouvent toute leur blancheur et toute leurs propriétés hygiéniques

Quand vous n'avez à blanchir que la place d'une tache, vous formez un grand cornet en papier, vous le renversez, la pointe en haut, munie d'un petit orifice, vous brûlez du soufre dessous et intérieurement, et vous exposez la place aux vapeurs de soufre qui sortent par en haut.

45. — *Blanchissage des chapeaux de paille.* — Enlevez d'abord la coiffe et tous les ornements du chapeau ; placez le fond sur une forme en bois, posez le plateau ou les ailes sur une table et frottez partout avec une éponge imprégnée d'une légère dissolution de potasse ; puis, pour détruire la teinte jaune de la paille, frottez le chapeau avec une éponge imbibée d'eau acidulée par l'acide oxalique ou par le sel d'oseille ; trempez-le dans un bain de savon, lavez-le et exposez-le au soufrage ; enfin, lavez-le à l'eau claire et faites-le sécher.

46. — *Encre pour marquer le linge.* — Prenez : nitrate d'argent fondu, 15 grammes ; gomme arabique, en poudre, 20 grammes ; vert de vessie, 30 grammes ; eau distillée, 62 grammes. — Faites dissoudre le nitrate d'argent et le vert de vessie dans l'eau, ajoutez-y ensuite la gomme arabique, et conservez dans un flacon bouché à l'émeri.

Ayez d'un autre côté la dissolution alcaline suivante : sous-carbonnate de soude, 62 grammes que vous faites fondre dans 125 grammes d'eau distillée ; filtrez et conservez à part.

Quand vous voulez marquer le linge, mouillez la place avec la dissolution alcaline, et lorsqu'elle est sèche, écrivez avec une plume trempée dans l'encre ci-dessus.

47. — *Reconnaître le coton dans les étoffes de laine.* Épluchez l'étoffe et brûlez lentement à la flamme d'une bougie les fils épluchés. S'ils brûlent rapidement et sans avoir d'odeur, ils sont en coton ; si, au contraire, ils brûlent avec lenteur et sentent la laine brûlée, ils sont en laine. — Autre moyen : Épluchez les fils et frisez-les entre les doigts : le coton garde le pli, la laine, non.

48. — *Reconnaître la solidité des couleurs des étoffes.* — Le cramoisi, l'écarlate, la couleur chair, le violet, le ponceau, la fleur de pêcher, différentes teintes de bleu, et autres de ce genre, s'essayent par l'alun dont on fait dissoudre 16 grammes dans un litre d'eau, on y met 4 grammes de l'étoffe à éprouver, on fait bouillir pendant cinq minutes, et, si la couleur résiste, elle est bon teint.

Le jaune, le vert, le garance, le rouge et autres semblables, s'essayent par le savon, dont on fait fondre 8 grammes dans un litre d'eau ; on y met 4 grammes de l'étoffe à éprouver, on fait bouillir cinq minutes, et, si la couleur résiste, elle est bon teint.

Les couleurs qui tirent sur le brun s'essayent par le tartre. Après l'avoir broyé très-fin, on en fait dissoudre

34 grammes dans un litre d'eau; on y met 8 grammés de l'étoffe à éprouver, on fait bouillir cinq minutes, et, si la couleur résiste, elle est bon teint.

49. — *Oter aux tonneaux le goût de moisi ou d'aigre.* — Mettez un kilo de chaux dans vingt-trois litres d'eau, et battez le tout dans le tonneau. Vous rincerez avec soin et vous brûlerez une mèche avant de mettre le vin. — La vapeur de chlore, les solutions de chlorure de chaux, de soude, de potasse, ont la même propriété désinfectante.

50. — *Cire pour cacheter les bouteilles.* — Prenez : un kilo de poix résine, 500 grammes poix de Bourgogne, 250 grammes cire jaune, ou 90 grammes suif et 125 grammes mastic rouge. — Faites fondre le tout dans un vase sur le feu; agitez avec une spatule de bois, jusqu'à ce que le tout soit bien fondu et mélangé. Cette quantité suffit pour goudronner trois cent bouteilles. On nuance la couleur en ajoutant des poudres qui peuvent donner celle que l'on désire.

51. — *Blanchir une cuisine noircie par la fumée.* — Quand les murs d'une cuisine ont été noircis par la fumée, vous y passeriez cinq ou six couches de chaux, que le noir ne tarde pas à reparaître, en produisant des taches plus ou moins jaunes, désagréables à voir; mais si à la chaux vous ajoutez un demi-kilogramme de sel de cuisine pour dix litres d'eau, une seule couche vous suffira, et les murs conserveront inaltérable leur blancheur.

52. — *Colle forte liquide.* — Faites fondre de la colle forte dans assez d'eau pour qu'elle reste liquide après qu'elle sera refroidie. En cet état, versez-y quelques gouttes d'acide chlorydrique, remuez avec un bâton, mettez en flacons et bouchez. Avec la précaution de la tenir bouchée, cette colle se conserve liquide plusieurs années, et vous pourrez l'employer à froid pour coller le bois, le carton, etc., avec autant de solidité que la colle chaude des menuisiers.

TABLEAU

DES

GAGES D'UN DOMESTIQUE

PAR AN	PAR SIX MOIS	PAR MOIS	PAR JOUR
5 fr.	2 f. 50	0 f. 45	0 f. 02
10	5 »	0 85	0 04
20	10 »	1 70	0 06
30	15 »	2 50	0 09
40	20 »	3 35	0 12
50	25 »	4 20	0 13
60	30 »	5 »	0 17
70	35 »	5 85	0 20
80	40 »	6 70	0 23
90	45 »	7 50	0 25
100	50 »	8 35	0 28
200	100 »	16 70	0 56
300	150 »	25 »	0 84
400	200 »	33 35	1 12
500	250 »	41 70	1 39

A l'aide de ce tableau on peut calculer tous les gages quels qu'ils soient.

TABLE DES MATIÈRES.

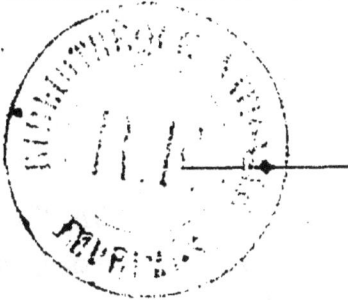

Chapitre 2. — CAVE ET LINGERIE.

Chapitre 12. — SOINS DES DOMESTIQUES POUR EUX-MÊMES.

www.ingramcontent.com/pod-product-compliance
Lightning Source LLC
Chambersburg PA
CBHW072243270326
41930CB00010B/2245